墨香财经学术文库

购并后整合管理研究

Research on Post-merger Integration Management

高良谋 等 著

东北财经大学出版社
Dongbei University of Finance & Economics Press
大连

图书在版编目（CIP）数据

购并后整合管理研究 / 高良谋等著. —大连 : 东北财经大学出版社，2023.11
（墨香财经学术文库）
ISBN 978-7-5654-4977-2

Ⅰ. 购… Ⅱ. 高… Ⅲ. 企业合并-企业管理-研究 Ⅳ. F271.4

中国国家版本馆CIP数据核字（2023）第200073号

东北财经大学出版社出版发行
大连市黑石礁尖山街217号 邮政编码 116025
网 址：http：//www.dufep.cn
读者信箱：dufep @ dufe.edu.cn
大连永盛印业有限公司印刷

幅面尺寸：170mm×240mm 字数：155千字 印张：11.75 插页：1
2023年11月第1版 2023年11月第1次印刷
责任编辑：李 彬 时 博 责任校对：刘贤恩
封面设计：原 皓 版式设计：原 皓
定价：58.00元

教学支持 售后服务 联系电话：（0411）84710309

如有印装质量问题，请联系营销部：（0411）84710711

本书为

国家社会科学基金面上项目“基于购并活动失败的企业集团购并后整合战略研究”（批准号：03BJY042）阶段性成果

作者简介

高良谋，东北财经大学教授、博士生导师；二级教授，享受国务院政府特殊津贴（2011）。国务院学位委员会第七届工商管理学科评议组成员；第四届教育部高等学校工商管理类学科专业教学指导委员会委员；中国企业管理研究会副会长；财政部跨世纪学科带头人；入选辽宁省百千万人才工程百人层次，大连市领军人才；辽宁省教育厅社会科学委员会副主任委员、管理学部召集人；东北财经大学杰出学者、工商管理一级学科带头人。学术成果主要有：主持完成国家社会科学基金重大招标项目“新组织理论与组织治理研究”，结项成果鉴定为良好；主持完成国家自然科学基金项目“开放式创新导向/能力/动态能力与组织学习：理论建构与实证研究”，结项成果鉴定为优秀；主持完成国家社会科学基金项目“大型企业集团购并后整合管理研究”，结项成果鉴定为优秀；在《管理世界》《经济研究》《哲学研究》《中国工业经济》等学术刊物上发表论文83篇；论文《试行企业经营者年薪制存在的主要问题》荣获蒋一苇企业改革与发展学术基金优秀论文奖；主编的《高级管理学教程》被评为辽宁省研究生优秀教材。

前言

企业购并一般分为购并前的规划阶段、购并中的谈判阶段和购并后的整合阶段。根据这三个阶段侧重点的不同，购并理论研究大致分为古典研究（Classic Studies）和购并后整合研究（Post-merger Integration，简写为PMI）。“古典研究”的侧重点主要是研究购并的前两个阶段，“购并后整合研究”主要研究购并后如何实现公司价值增值、购并企业与目标企业双方建立联合价值创造机制的问题。

古典研究将购并过程看作高级管理人员进行理性战略抉择的过程。这种研究方法的缺点是忽略了被管理者在整个购并过程中的积极作用。20世纪80年代中期以后，国外将购并后整合研究转移到“过程观点”（Process Perspective）和“组织行为观点”（Organizational Behavior Perspective）上来。“过程观点”将购并看作一个长期持续的协同过程，而不是一次性的购买行为；而“组织行为观点”则更加注重购并双方企业中的员工对购并行为所持有的态度和所采取的行为。从“过程观点”和“组织行为观点”出发，购并则被看作一个由购并双方的管理者与员工共同参与的、具有延续性而非一次性的一体化过程。国内虽有PMI的跟踪性研究成果，但总体上看PMI的研究还较少，且主要集中在文化整合方面。

本书主要围绕以下一系列购并后整合问题展开深度研究：如何更系统地理解、界定及衡量购并失败？价值创造和购并后整合是什么关系？协同效应和知识转移在购并后整合中扮演了何种角色？企业集团作为特殊组织形式，其购并后整合呈现何种特殊机理？进一步讲，如何通过改进购并后整合来改善企业集团组织效率？等等。

本书研究的基本问题是企业集团总部协同职能的价值创造和集团内部企业之间购并后的整合管理问题。这个选题是问题（现象）导向的，主要是基于企业集团、上市公司购并活动失败现象的问题意识和购并后企业集团对于整合管理的需求判断而设计的。在经济学和管理学理论中，企业购并是企业扩张有效途径的观点几乎没有受到质疑。但对20世纪90年代以来全球企业购并的观察发现，60%~80%的购并活动都是失败的。国内学者的研究也得到同样的结论。为什么众多的购并活动以失败而告终？如何从理论上分析购并活动失败的原因，研究购并价值创造的机理，对于避免我国在企业购并浪潮中可能出现的购并活动失败，具有一定的借鉴指导意义和社会意义。

本书的研究成果具有较大的学术价值与社会影响。从学术价值层面来看，第一，将购并失败、价值创造与购并后整合在理论逻辑上有效地联结起来，提出观点：虽然购并的外在形式是重组交易过程，但购并价值主要是在购并交易后的整合过程中创造出来的，购并后整合在整个购并活动中的作用更为关键。第二，通过区别购并交易活动解析了购并后整合作为价值创造活动的内在机理，构建了购并后整合的系统研究视角和架构。第三，围绕企业集团这一特殊组织形态，从总部层面和集团内企业层面两个层次阐述了协同效应过程及购并后整合的改进分析。第四，对智力资本（人力资本、组织资本和客户资本等）在购并及整合中的损耗和弥补进行了深刻剖析，拓展了购并后整合在“无形资产”方面的理论价值。第五，通过有效实证方法将购并交易性绩效和整合绩效相分离，发现了影响购并后成功整合的关键因素。从社会影响层面来看，研究的阶段性成果共有7篇发表在《管理世界》、《光明日报》（经济理论版)、《中国工业经济》和《财经问题研究》等国内高水平的学术刊物上。部分成果被中国人民大学书报资料中心的《企业管理研究》《工业经济》转载与引用。《购并后整合管理研究——基于中国上市公司的实证分析》获辽宁省自然科学学术成果奖一等奖、大连市自然科学优秀学术论文一等奖、辽宁省哲学社会科学成果奖三等奖。

全书分为4个部分，共10章。第1部分包括第1章至第4章，对企业集团购并后整合相关重要概念、研究视角及各类研究方法作了系统阐释。其中，第1章将购并失败和购并价值创造进行逻辑联系，分析了购并失败的界定与原因，推演出购并后整合在整个购并活动的关键作用，并对企业集团购并、购并价值创造、购并后整合、协同效应等概念作了初步界定。第2章提出了购并后整合的研究视角和研究内容。第3章重点比较了购并价值评价的5类代表性方法，并对这些方法进行评价与总结。第4章对购并后整合研究不足作了描述，并归纳拓展空间。第2部分包括第5章至第7章，集中探讨了企业集团这种特殊组织的购并后整合相关问题。首先，第5章讨论了企业集团内涵以及与一般企业在组织形态、理论基础、管理机制等方面的重要差异。其次，第6章重点对总部在企业集团中的核心功能、制度安排和建设作了深刻剖析。最后，第7章对企业集团购并后整合的特殊过程展开论述，从总部、内部企业两个层面揭示了购并整合发生机理，并提出了最优域等概念。第3部分包括第8章和第9章，进一步深化了知识转移和协同效应的相关重要问题，讨论了企业异质性、信息空间、智力资本损耗与弥补、协同力等概念，构建了企业集团的协同效应模型。第4部分包括第10章，对购并后整合绩效进行了细腻的实证研究，通过分析我国购并中的整合绩效实践，并在对比三种不同类型购并的整合绩效基础上，探讨影响购并后成功整合的关键因素及购并后整合绩效在国企和非国有企业中的表现。

本书是高良谋教授主持承担的国家社会科学基金面上项目“基于购并活动失败的企业集团购并后整合战略研究”（批准号：03BJY042）的阶段性成果，课题结项评审为优秀。本书相应章节的内容与课题组成员已发表的研究成果密切相关。高良谋负责课题研究的整体框架思路设计，具体编写分工如下：第1章、第2章，高良谋、高静美、郭劲光。

第3章，高良谋、韵江。第4章，高良谋、高静美、郭劲光。第5章，高良谋、韵江。第6章，高良谋。第7章，韵江。第8章，第1节，韵江、刘立、高杰、王磊、胡荣昌；第2节，高良谋；第3节，侯慧明、高良谋；第4节，高良谋、高静美。第9章，韵江、刘立、高杰。第10章，高良谋。最后，由高良谋作全书的统稿和定稿。

在本书的后期修改完善中，高庆祝博士完成了数据和资料更新的工作，东北财经大学出版社总编室李彬主任对本书的顺利出版给予了大力支持和帮助，责任编辑时博老师在审阅文稿过程提出了很多建设性的修改意见，在此一并表示衷心感谢。

高良谋

2023年9月

目录

第1部分　购并后整合的理论基础

第2部分 企业集团总部功能与购并整合

第3部分 购并后整合知识转移与协同效应

第1部分　购并后整合的理论基础

1 企业集团购并后整合

1.1 企业集团购并

企业集团是现代市场经济发展到一定阶段的必然产物。在英语中，最接近企业集团含义的英文是Conglomerates，意指综合性大企业。这在许多情况下，是与把企业集团视为规模巨大的企业聚合体（Corporate Group）相一致的。企业集团是目前在我国企业界、政府部门广为运用的概念之一。从企业集团的形成过程看，它是在企业的规模扩大、业务范围扩展、组织形式向现代公司制发展的基础上建立起来的。它是现代市场经济在制度与组织上成熟的重要标志（毛蕴诗，2000）。

随着各国经济环境的变化和企业本身的发展，当今企业集团在经营目标、活动内容、成员企业的关系和联系方式上已有很大变化。简单地采用经济学上的概念，如卡特尔、托拉斯等，已不能反映当今企业集团的特征。但是企业集团的发展的确是沿着上述组织形式演进的。当今的企业集团是在现代工商企业的基础上，即在多单位的经理式企业（钱德勒，1977）的基础上，也是在横向一体化与纵向一体化扩展的基础上，进一步向多元化经营（包括相关多元化与无关多元化）扩展而形成的综合性大型企业。虽然在第二次世界大战以前多元化经营的形式便已出现，但上述意义的、以分散化管理为特征的综合性大型企业的形成的确是主要工业化国家的重大变化。

在购并活动中，本书将企业集团分为资本型企业集团和产业型企业集团两种。对于资本型企业集团，拟购并其他企业的动机，常常是基于目标公司价格便宜，收购后经过必要的包装，再整合或分拆出售，以期获得更大的资本利益。对于产业型企业集团而言，购并目标公司的着眼点，或者是基于战略发展结构调整上的需要——借此而跨入新的具有发展前途、能给集团带来长期利益的朝阳行业，而更多的则是为了收购后与企业集团原有资源进行“整合”——谋求更大的资源聚合优势，以进一步强化核心能力，拓展市场竞争空间，推动战略发展结构目标的顺利实现。对应于战略性购并的概念，本书设定的购并主体是产业型企业集团。

购并后整合的过程是一个极其复杂的问题，对于企业集团尤其如此。中外企业购并实践证明，并不是所有的购并都是成功的，购并后导致优势企业背上沉重包袱甚至失败破产的不乏其例。因此，要实现成功的购并，并借此推动企业集团持续恒久地拓展竞争优势与市场空间，就必须遵循战略发展结构的目标轨迹与基本原则，这关系着企业集团未来的发展方向、发展道路与发展行动。因此，管理总部必须依托战略发展结构及长远成长目标，通过理智的、科学而缜密的分析论证，特别是针对企业集团遵循什么样的战略发展结构，是否有着强大的核心能力依托；企业集团拥有哪些主导产业或业务，未来发展趋势如何；企业集团当前处于哪一发展阶段，发展潜力多大，在变革创新的基础上是否有着良好的增长前景；企业集团的发展空间是否需要向其他新的领域拓展以及购并是不是本企业集团发展的最好途径，企业集团是否有足够的资源支持购并，购并后是否有能力控制和管理好目标公司，购并将产生怎样的效应，是否与总体战略发展结构相吻合，通过购并期望达到何种目标效果，等等。对购并战略目标做出富有远见卓识的规划。

管理总部必须在对上述因素审慎分析、考察的基础上，依据发展战略和具体策略性动机，对购并目标做出合理的规划。作为一项复杂的系统工程，欲保证购并目标的达成，企业集团事先必须进行综合分析、反复论证、深入摸底、精心策划，必须考虑各种可能因素的利弊影响，备有几套实施方案。这些因素包括市场因素、政策因素、传媒向导、投资者感情和地方保护主义；考虑收购成本、收购价值、收购时间、收购资金调度、收购协作伙伴和收购运作阶段中的手段。总之，企业集团购并后整合的问题，是一个无论在理论上抑或在实践中都十分复杂且重要的课题，因此，本书将以此为研究对象并作深入探讨。

1.2 购并失败的界定与原因

"购并"(Merger & Acquisition)，既不是合并（Merger)，也不是简单意义上的购买（Acquisition)，而是两者兼而有之的企业实施资本运营战略的方式，是一种价值活动，不仅涉及价值分配（交易)，还蕴含着价值创造（整合)。购并是企业通过市场获得对自己发展有利的各种资源，不断扩大市场份额，进一步成长壮大的重要形式，它是企业主动和有选择的一种有偿合并。一般认为，企业购并是企业扩张的有效形式。企业购并作为企业资本增长和社会资源有效配置的重要方式，具有使企业资本快速增长、降低进入和退出市场壁垒、提高资源配置效率等优势。

从企业史的角度来看，大企业的形成与企业购并是存在直接联系的。20世纪90年代以来，企业购并活动的规模和数量一直呈现上升趋势。普华永道《2021年全球并购行业趋势回顾及2022年展望》显示，2021年全球公开的交易数量超过6.2万宗，比2020年大幅增长24%。公开披露的交易价值达到5.1万亿美元的历史新高，打破了2007年创下的4.2万亿美元的历史纪录。而其中巨额交易（交易金额等于或超过50亿美元）达130宗，比2020年超出57%。重大的购并案例接连不断，数百亿，甚至上千亿美元的巨型购并案屡见不鲜。全球的公司领导们越来越多地使用购并作为一种促进公司发展的方法。全球的购并活动正在经历着史无前例的增长。

我国从1984年在保定发生的第一起购并案例算起，企业购并实践经历也近40年时间。China Venture（2015）的中国购并数据显示，中国在2005年至2014年的10年间，购并交易数量以20.5%的年复合增长速度增长，购并金额更是以55.1%的年复合增长速度在迅猛增长。而在2020年，中国购并活动交易金额增长30%，达到7 338亿美元，是自2016年以来的最高水平，购并活动交易数量增长11%。快速增长的购并额表明中国已经成为一个购并大国，且成为亚洲最活跃的购并市场之一。

然而，纵观国内外企业购并之后经营业绩的历史和现状，却不容乐观。麦肯锡的一项研究结果表明：大多数的购并活动是失败的，只有少数几家公司能始终如一地从事购并活动，并为股东创造价值。麦肯锡曾对美国和英国大公司中的价值创造业绩进行了缜密观察，并且分别对这两个国家中的25家业绩最好和最差的公司进行了比较。那些积极维护自己的核心业务，保持其处于健康状态的业绩最好的公司，在不能进行明智投资的情况下，情愿把钱返还给股东，通过售卖、清算或融资购并重新安排资产，并且积极地寻求内部增长。美国25家最好的公司中有12家曾收购企业，但只有3家为其股东带来了显著的价值。在英国，有2/3的公司进行了重大的购并活动，其中的一半对公司业绩产生了实际影响。然而，在最差的25家公司中，美国的半数公司和英国的1/4的公司进行了数额巨大的购并，但结果之差足以把其母公司的长期业绩拖垮。麦肯锡在对美国《财富》“250家”公司和英国《金融时报》“500家”公司进行研究后发现，在研究的116项购并项目中，有16%的项目还不能辨出是成功还是失败的——判断成败的标准是一个公司是否收回其资本成本。根据这一标准，23%的项目是成功的，而61%的项目是失败的。更重要的是，收购的规模越大，业务相关度越低，其成功的可能性就越小。许多国内学者通过实证研究上市公司的购并活动发现，重组后当年和一年内业绩有所上升，而以后年份内业绩出现大幅的下降（刘常青等，2000年）。

那么，究竟为什么有如此多的购并以失败告终呢？购并失败的衡量标准又是什么呢？既然购并失败已经构成了一个不可否认，也无可回避的经验事实，那么，究竟什么才是“购并失败”的具体内涵？导致购并失败的关键性因素都有哪些？防范购并失败的关键性阶段又是哪一阶段？在防范失败或者试图将失败的可能性降到最低的同时，又要采取哪些可行的措施才能实现价值创造和价值增值，这些问题都是本书特别关注的问题，也是长时间以来，令购并的理论和实践专家们困惑的一些重要问题。因此，本书将以“购并失败”为研究起点，以过程的观点，从理论和实践的密切关系出发，运用规范和实证等多重手段，从多个维度对购并这种重要的企业外部成长方式进行综合、细致的梳理和探讨。

1.2.1 购并失败的界定

西方学者（Berle和Means，1965；Bradley，1980）在讨论购并的动因时，曾提出了“控制权增效”“事前增效”“事后增效”等概念，这背后就蕴含着价值逻辑。国内学者林新也对这些概念进行进一步的阐述。在这里，本书将借用这些概念来理解购并失败的具体内涵。上述学者将经济市场划分为产品市场、要素市场和企业市场三个层次。对于前两者我们比较熟悉，在产品市场上，买方想取得产品的使用价值，而卖方则要实现产品的价值；在要素市场上，买方想要取得对要素的使用和控制的权利，卖方则要取得要素的报酬和收入。在企业市场上，买卖双方的焦点，则集中在企业当前的收益和未来收益能否满足各自的不同判断和评估上。这里强调的是企业是多种要素的组合。兼并之所以会发生，对目标企业来说，在于高于现价的标购溢价；对购并方来说，就在于比溢价还要高的控制权增效，即公司通过对其所有可供支配和利用的资源的控制权和管理的权力，取得比原来更高的效率水平。

当某个管理团队把公司列为购并的目标时，该团队就会花费一定的时间和精力，去评估公司的现状与前景，并由此得到他们对于获取控制权之后可能达到的效率水平，即得到他们对“控制权增效”的评估。这个增效，是事前做出的、主观性的，学者们将之称为“事前增效”。当购并的交易过程完成之后，这个管理团队将获得对公司的控制权。他们运用这种权力，去构建新的激励约束关系、信息传递关系和公司内部的管理层级关系，改变投资战略和投资政策，调整财务杠杆或重组资产结构，建立公司与其他利益相关者的新关系，等等。他们将在其力所能及的范围内和水平上，使置于他们控制之下的公司达到某一效率水平。这个客观的效率水平，便在事实上确定了一个“事后绩效”。

西方学者虽然提出了“事前增效”“事后增效”“控制权增效”等重要概念，但主要是将其作为一种剖析企业之所以从事购并活动的动因而提出的，国内学者林新也主要是为了阐述如何借鉴西方购并经验从而完善和建立我国的竞争制度这一目标而提到了这些概念，试图用以说明购并发生的可能原因和购并活动的复杂性。他们虽然也提到了“购并后整合”这一说法，但或者是一笔带过，或者是仅做了财务方面的分析，并没有将其作为解析和界定购并失败这一结果（而不是购并动因）的一种工具，更没有从财务和非财务等多个维度来做出解释。

经验表明，基于价值逻辑的“事前增效”和“事后增效”往往不尽一致，甚至有较大差别。“事前增效”与“事后增效”的差异，也自然直接影响到购并的成败。如果“事后增效”大于“事前增效”，购并就会获得成功；如果“事后增效”小于“事前增效”但大于支付溢价所需成本，则购并还是成功的。但如果“事后增效”不仅小于“事前增效”，而且还小于支付溢价所需成本，则会导致购并的失败。

1.2.2 购并失败的原因

至于造成“事前增效”与“事后增效”之间产生差别，即购并失败和价值损失的出现，其主要原因，既有主观方面的原因又不乏客观方面的因素影响。就主观原因来说，由于人的理智和能力的有限性，往往会使得管理团队在评估目标公司和自身公司的状况和前景时，产生种种与客观情况不尽相符的偏差。就客观原因来说，主要体现为信息非对称性和购并后整合的困难性两点。信息在购并方和目标方之间的分布是不对称的。双方通常更了解自身公司和相关行业的情况，而对对方的情况在事前有许多是无法掌握的。当然，在另一些情况下，信息的分布也可能正好相反，如目标方认识不到自身的价值，而购并方却出于某种原因而认识到，所以信息非对称性是一个普遍存在的重要事实。购并后的整合过程更是一个极其复杂、微妙而又至关重要的方面，许多学者也因此而认为购并后的整合过程才是实现价值增值的关键之所在。而这一过程也无疑是本书所要着重研究的关键点之所在。

本书认为购并后整合的过程不仅是进一步获悉、解读、掌握和确认相关信息的重要阶段，也是实现“事后增效”，修正“事前增效”的误差，并最大限度取得“控制权增效”的关键环节。“事前增效”是战略的规划和部署过程中的一个重要环节；而“事后增效”则是战略实施和执行的客观结果。就购并的价值创造而言，战略绩效关系研究中最严重的缺陷就是没有考虑战略执行的困难，即没有认识到购并前的计划在通常情况下，既无法解决信息不完全问题，也很难预见购并后管理本身对结果的影响。此外，战略计划方法的另一个缺陷在于将购并过程人为地分成了几个独立的阶段。事实上，这些阶段之间的界限是模糊的，并且有效的整合应开始于购并交易完成之前，而且越早越好。这样看来，使用“整合”而不是“购并后整合”的概念似乎更为确切。

事实上，购并前的战略规划和评估过程（事前增效的过程）与购并后的整合过程（事后增效的实现）共同构成了决定购并成败的关键因素，但战略的实施过程通常蕴含着更多的变数和不确定性因素，其难度也更大，所以通常也需要更多的关注。“事前增效”所需要的是尽可能掌握充分、全面的信息和拥有一个高效、团结、开放、创新的管理团队；而仅仅拥有这些条件对于实现“事后增效”并最终获得购并的成功却是远远不够的。细致、周详、恰当的购并后整合过程所涉及的要素更多，要素之间的关系也更为复杂。而这一点也往往是“事前增效”与“事后增效”之间产生差异的原因之所在。所以，本书认为应将对购并活动整个过程的“整合”作为防范购并失败、实现价值增值和事后增效的一个有效手段。

如上，本书通过“事前增效”和“事后增效”两个概念的比较来对购并成败的内涵进行了初步的介绍，但是对于界定购并成功与否的一个关键概念“事后增效”的具体衡量标准，尚未给出进一步的阐述。

1.2.3 购并失败的衡量

经验数据虽然早已表明有相当比例的购并是失败的，但对“失败”的界定，特别是衡量标准问题却存在着较大的分歧。有的主张以公司会计上的财务指标为依据，有的倾向以购并前后公司的股票市值为标准。除了这些“有形的数字化”标准以外，还有人主张以购并后整合能否达到更高层次上的无形的协同效应（诸如文化、管理能力、人力资本、组织资本等所带来的协同效应）为标准来对购并的最终结果予以考察。应该说，这些考察标准各有利弊，财务指标和公司市值固然比较客观且清晰明确，但由于财务数据是历史数据，并不代表企业所期望的未来收益，公司股票市值又会受到政策、人们预期等多重外界因素的影响而不能完全反映公司本身的价值和发展潜力。

总的来说，传统的会计、财务方法，更适合于用来衡量物质资产、可以量化的债务及具体“有形”交易。但是，每一笔交易都有其内在的有形价值和无形价值。即便是我们日常的一些买卖活动，除了考虑成本价格方面等有形的要素之外，本书也会关注诸如“方便性”和“合乎特定的要求”等其他一些难以量化和精确化的要素。传统的单纯以财务会计指标为基础的衡量标准无法认识到某些无形要素日益增长的重要性和关联性以及未来的前景，进而无法深入了解企业价值从何处创造的现实需要。

但本书也并非主张单纯以无形的协同效应为标准来对购并绩效予以衡量。因为以无形的协同效应为标准来对购并的最终结果予以考察从某种程度上来说，弥补了前两种衡量标准的缺陷，但这种衡量标准又往往主观色彩较浓，缺乏客观、明确的特点，将其真正实现的难度也通常更大。实际上，对购并绩效不同的衡量标准往往反映了研究人员不同的学术背景和学术领域。从经济学的角度来看，购并过程中的企业是一种制度；从财务会计的角度来看，购并中的企业是一种商品；而从管理学的视角来看，购并中的企业则是资源和能力。所以在管理学家看来，购并能否实现价值增值的关键也就在于各种资源和能力的整合过程能否最终达到理想的协同效应，而不仅仅在于股票市值的短期上升或财务指标的单纯变化。因此，与其说他们的不同观点是一种互相替代的关系，莫不如说是一种互相补充的关系。

由于本书主要是以长期增效的战略购并，而非短期的以资本市场运作为主要增值手段的财务购并作为核心对象而展开讨论，所以本书提到的“购并失败”也并非以一种单纯的财务指标或短期的股价上扬现象作为衡量标准，而主要看其能否实现企业的长期持续增值，这种增值既包含数字化的财务指标，也包括一些与购并战略执行密切相关的非财务因素或诸如人力资本、组织资本、客户资本等无形资本的协同效应。本书甚至将在购并的整个过程中影响其事后增效或价值增值的各种有形、无形因素以及它们之间的相互作用关系等作为一种“中间判定标准”或“过程衡量变量”。这也就是本书在后文所要提到的“过程观点”。因为本书使用了一种非单纯财务指标的体系并树立了一个长期的过程型增效目标，所以对绩效的衡量也必须是过程的、非单一标准的。

1.3 购并价值创造

本书以购并活动中已经出现诸多失败这个经验事实为出发点，但是仅仅防范购并活动失败或尽可能减少导致失败的诱因出现还是不够的，因为防止不利因素的出现并不意味着“有利的局面”就会自然而然形成。那么面对众多购并活动失败的现实，让“有利的局面”出现从而获得购并成功究竟有无可能？其途径和方法究竟是什么？这个所谓的“有利局面”又应如何界定？所设定的购并主体又是什么？设定这样一个特定的主体对象又有什么样的用意和深刻内涵呢？下面本书将通过对所涉及的几个重要概念的解释和界定对这些问题予以一一解答。

1.3.1 价值创造的实现及其可能性

国内外已有大量关于购并究竟能否产生价值增值的研究，但是研究结果却并不完全一致，有的甚至互相矛盾。

从理论上讲，支持购并能够产生价值增值的研究认为，购并是一个价值再发现和再创造的过程，是能够在很大程度上提高公司内在价值的。如果经营管理层失误或者不尽职，从而使得公司的证券价值低于其“真正”的价值，就难免面临被收购的厄运；新管理层的进入将使公司资产得到更加高效的利用，从而提升被收购公司的价值。同时，由于存在被收购和接管的风险，公司现有的经营管理层也不得不尽力改善公司经营，这就是购并活动制约效应的另一个表现。另外，购并因规模效应而产生协同效应也是实现价值增值的一个有效途径。相反的观点则认为，购并不能改善公司业绩。他们认为，成熟资本市场有效性较强，现行的价格信号基本反映了公司真实的内在价值，收购者在这样的市场里很难发现价值被低估的上市公司进行收购，所以也就很难通过收购创造价值。有的学者还认为，收购者只是为了虚荣和安全进行收购，并不是为了股东利益的最大化，购并的结果只能是以股东价值的损失换取个人利益的提高（高大勇等，2004）。

实证研究的结论也不一致，差别主要来源于研究角度、方法和样本的差异。从各项研究结果发现，收购对目标公司的股东收益以及对收购者收益影响的方向和力度并没有唯一的“标准”答案。20世纪六七十年代，重点主要围绕着购并是否创造价值和如何创造价值这两个问题，运用统计方法开展研究。在20世纪70年代，剩余分析法（Residual Analysis）或者称为基于事件的方法（Event-based Analysis）成为购并的主要研究方法。20世纪80年代以后，研究主要关注购并如何创造价值，偏重小样本、个案的深度分析。

20世纪60年代是购并研究升温的10年，主要以微观经济学为研究手段，研究对象主要集中于“购并是否能够为双方股东创造价值”，运用财务数据，分析一些购并案例。研究结果表明，对购并方而言，从购并活动中获取的财务收益或者接近于零，或者为负。正如著名购并问题专家Hogarty（1970）所总结的那样：“购并可以看作一个零和的、充满风险的游戏，这是一种对冒险家很有吸引力的投资形式。”

到了20世纪70年代，金融经济学家试图将购并作为单个事件分离出来，根据资本市场股价波动分析购并的经济影响。这种研究方法被称为剩余分析法或者称为基于事件的方法，它以“资本市场是有效的”为假设前提。研究结果表明：总的股东收益是显著的正收益，被购并方的股东收益比较大，而且很稳定，但是购并方的股东收益则小得多（接近于零），而且通常在统计意义上不显著。

20世纪60—70年代，关于购并价值创造的研究存在两个缺点：一是忽略了购并活动的多样性，一厢情愿地将所有购并活动看成是一样的；二是仅从整个经济层面判断购并的好坏。也正是因为这两个缺点，使购并研究进入战略管理时代成为可能。

20世纪80年代，购并研究被纳入战略管理框架之下，关于“购并如何创造价值”的问题，才引起学者们的足够重视。对于这一问题的研究，主要从两个方面进行：一是购并的价值创造方式；二是价值创造所需要的条件和环境。购并主要通过重组和协同两种方式来创造价值，这已在学术界和实际工作者中取得共识。至于价值创造所需要的条件和环境，则包括购并全过程的内外部条件和环境，是一个包括技术、政治、文化、组织、人员、战略的多维的复杂过程。

对于购并究竟能否创造价值的问题，本书的回答是肯定的，这也是本书的基本假设之一。事实上，轰轰烈烈的第五次购并浪潮就是以“价值增值”和“全球化”为主要特征的。本书至少认为建立于这一假设基础之上的对于“购并应如何创造价值”的问题的讨论，是十分必要的，它将有助于建立起真正具备国际竞争力的大企业或企业集团。

本书认为，对于购并究竟能否创造价值的问题，其判断的标准可以从两个角度来考虑：一是投资者角度，即考察投资者是否通过购并交易得到了正常或超额的收益率，即是否得到了在与购并交易具有相同风险的其他投资机会上能赚取的同样的或更好的收益率；二是从企业本身来看，考察购并交易是否改善了企业的总体绩效，包括员工满意度。

如果从投资者的角度来考虑，实现价值增值可以通过两种方式：一是单纯地通过从事金融资本运作来获利，即通过收购企业，然后经过包装后出售企业，从企业产权买卖差价中获得盈利；二是通过对产业资本的运作，这些投资者也即本书所说的战略投资者，他们购并企业的直接目的是拓展业务，通过业务发展实现资本增值。在这个过程中，购并后整合管理无疑将发挥着至关重要的作用。两种方式的本质区别在于，前者是纯粹的资本运营，以这种目的为出发点的购并也通常可以称为财务购并；后者是通过资本运营推动商品经营，其最终目的是商品经营，而不是资本经营，同样，以这种目的为出发点的购并也可称为战略购并。

而如果从企业本身来看，要实现企业财富最大化和价值增值可以通过“资产剥离”和“价值创造”两种方式来实现。所谓的“资产剥离”的方式，即当目标企业的购并价格低于其“真正价值”时，实施购并之后，将会为购并企业带来资产增值的机会，即这个被低估企业的各个组成部分价格之和会比整个企业的价格高，这时候，可以通过资产剥离的办法来实现企业财富的最大化。而根据“价值创造”原则，当购并企业购并了目标企业之后，将创造出比两个企业单独运作更高的价值时，将会为购并企业带来价值增值或价值创造的机会。一般地，当购并公司确定了购并的战略目标后，事实上也决定了只有某一个公司能够符合公司的收购战略要求。但不管是哪一种购并目标，都必须符合资产增值和企业财富最大化的原则。

从以上分析中可以看出，实际上，这两个角度是同一个硬币的两面。但无论如何，就中国目前的状况看来，两个角度都表明战略性购并比财务购并、“价值创造”比“资产剥离”显得更为重要。首先，就中国企业的组织现状看，鉴于中国的资本市场尚不发达，资本运作尚有待完善，所以战略性购并应优先于财务购并。此外，就长期来看，通过“资产剥离”而带来的现金流入只有在企业核心能力不断得到增强的前提下才能形成实现竞争优势，并获得价值的真正增值。事实上，在实践中，许多股东和公司管理者都惊讶于这样的现实：公司的收入或资产的增加并不能自动创造价值。规模的增大并不必然导致现金回报的增加或风险的减少。伴随着盈利的增长，通常需要运营资金和固定资产的现金投资，这恰恰减少了公司的预期现金流。所以，只有降低了风险或创造了正的净现金流，并且考虑了资本再投资的需求后，增长才能增加价值。而无论是风险的降低还是资本再投资的过程，都要仰仗于企业管理能力的提高和实际业务的运作，这才是保证企业长期获利的有效手段。

而实现“价值创造”的整合过程本身就是增强自身实力，培养持续竞争力的过程。这种方式也更符合培养具有跨国性竞争力的大企业或企业集团的初衷。因为，一般来说，一个国家的企业组织形式要么以中小企业为主，要么以大集团为主。本书认为，从目前的世界经济形势来看，中小企业的组织形式固然有其灵活性、创新性的优点，也是带动技术进步的重要力量，但是，一个民族经济的支柱仍要依赖于具有跨国性竞争力的大企业或企业集团。

1.3.2 购并价值创造的有效途径

1）“购并后整合”的界定

“整合”并不是一个新生的概念。系统论早已提出，甚至在几千年前就被人们认识到了，只不过那时没有今天认识得如此深刻罢了。事实上，人类的生产活动，就是整合资源以生产出人类所需要的各种产品的过程。在某种程度上，本书认为，企业的使命就是转动生产力的魔方，整合各种资源，达到既满足社会需求，又获得股东财富最大化目标的双赢局面。

从经济意义上理解，整合就是对已有经营资源进行的重新配置，以保证资源取得最佳的利用效果。美国著名管理学家彼得·德鲁克（Peter F. Drucker）在他《管理的前沿》一书中认为，企业购并不仅仅是一种财务活动，只有在整合上取得成功，才是一个成功的购并，否则只是在财务上的操纵，这将导致业务和财务上的双重失败。经营控制权的取得并不意味着购并的终点和成功，只能算是整个购并战役第一个回合的胜利，要取得最后的成功还要付出更艰苦的努力。成功的购并，必须把购并企业和目标企业纳入到购并后企业的发展战略中，并卓有成效地进行组织、资产、业务、人事等方面的整合。

这里，本书将“购并后整合”的概念定义为，购并双方组织及其成员间通过企业能力的保护、转移、扩散和积累，从而实现价值创造的相互磨合、相互适应、相互促进、共同提升、动态地调整与完善，直至融合、共生，从而实现既保证不会浪费又使现有可利用资源达到良性组合的最优状态的一个复杂过程。在这一定义中，购并整合具有以下三层含义：①购并整合的目的是创造和增加企业价值；②创造价值是通过有效的企业能力保护、转移、扩散和积累来实现的；③购并整合是一个购并双方间的相互作用过程。

2）“购并后整合”的特征

恰如Haspeslagh和Jemison（1991）所指出的：“购并的价值都是在购并交易后创造出来的。”即公司价值的创造有赖于购并后的整合过程，因此，创造价值提升公司的价值将是贯穿于购并后整合中的目的和导向，而且本书研究的公司价值将是长期持续增值，不针对短期内公司价值的大幅起落，真正对公司价值和业绩提高起关键作用的是购并后的整合。在理解了整合的主要内涵之后，疑问不禁产生，购并后整合的过程究竟有哪些不容忽视的特征呢？如何在购并整合战略的实施中把握这些因素？

（1）持续性和连贯性

从“过程观点”出发，购并的全过程应当是一个具有内在一致性的连续过程，但是，在实际的购并过程中往往会出现购并过程断裂的可能，从而对购并的最终成功造成了隐患。当企业通过购并的方式实现其扩大积累、快速成长的机会出现时，即便是高层的管理者也难以立即把握其中的是非曲直，他们必须依赖于外界的咨询专家们，这些咨询专家们从法律、技术、金融等各个方面为上层管理者的决策提供及时、准确的信息，从而保证了上层管理者决策的科学性、正确性。但是，这些咨询专家通常仅关注对购买过程及购并谈判过程的分析，而置购并后整合阶段的管理问题于不顾；他们的利益也往往与公司的长远发展利益不一致，因此依据他们所提供的信息与建议所作的决策难以确保购并后整合阶段的顺利开展，从而可能导致购并的最终失败。

此外，购并过程的断裂也表现在管理者在购并之前的筹备阶段，以至谈判阶段都是从较为理性的战略性角度在宏观层面上来做出决策，而落实到购并后的整合阶段又往往涉及一些细枝末节、具体微观的操作问题。管理者在两种情形之下，需要扮演不同的角色，承担不同的责任，这直接导致了另一种购并过程的断裂，从而埋下了购并失败的种子。因此，在购并后整合过程中，首先要关注的就是整合的持续性和连贯性。

（2）整体最优性

正如前文所提到的，企业购并，首先涉及的就是一个有着不同管理风格、组织结构和文化特征的两个企业的互动过程。事实上，由于各个企业所处的客观环境与具体的工作环境不同，所树立的目标与所从事的行业不同，从而导致了每个组织中资源配置的差异性，这种差异性甚至也许在很长一段时间内都很难轻易改变。因此，购并后的整合过程就必须强调一个“整体的最优性”问题。这就需要通过整合方法将不符合整体最优性的部分进行调整，以适应购并后所产生的新实体的整体发展目标。

整体最优性并非仅仅反映在细枝末节上，而是最终反映在整个企业系统上。从系统科学方法的应用来看，开发一个系统，总是和人们利用这个系统的目标联系在一起。所谓系统的整体最优化原则，是指系统的运行能最大限度地发挥其功能，创造最佳的运行效果。系统最优化的原则，要求实现最优计划、最优设计、最优控制、最优管理、最优决策。最优化是系统科学方法的核心问题，是处理系统问题的出发点和归宿，也是本书极力追求的目标。

首先，人们对“最优”的理解不同，对“最优”的要求不同，系统所处的时间、地点、环境不同，就会提出不同向“最优”标准。其次，为了求得现实系统的“最优”，就必须把所需要的全部信息找准、找全，而这项工作在很短的时间内是难以达到的。最优化的处理方法，在大多数情况下都是对问题的性质作某些简化处理，略去一些次要的因素和信息。这样的“优化”，也只能带有近似的意义。最后，任何系统都是发展变化的，即使在某个时候，找到了现实系统的最优解，但随着时间的推移，系统的状态特性发生了变化，原先的“最优”已时过境迁，已不是“最优”的了。因此，在现实世界中找出绝对的“最优”不仅是不可能的，而且也是无意义的。对于具体的决策问题，只需要找到近似解或满意解就可以了。也就是整合到了“最优”状态。

（3）动态互动性

购并后整合的动态互动性特征，主要表现在购并后企业的经营活动需要在变动的环境与组织本身中进行，需要消除资源配置过程中的各种不确定性。因此，整合经营不是停留在书本上的东西，它是现实实践过程中的可操作方法。书本上的东西最多是经营实践的总结或理论的推演，它是一种静态的东西，学习经营需要学习书本上的东西，但更重要的是学会在什么样的状况下如何实施具体的经营。即，要学会在双方企业和外部环境都在不断发生变化的情形下，对企业与外部环境、企业与企业之间的关系进行动态协调、使其动态互动，并追求动态最优的效果。本书提到的“外部环境”的概念中，除宏观的政治、经济、文化等外界要素之外，购并双方企业所在产业的战略产业要素及其可能的变化是一个十分重要的变量，因为只有保持购并后企业所获得和积累的核心能力与战略产业要素的尽可能吻合，企业才会获得它持续的市场竞争优势。

（4）运作艺术性

购并后的整合过程既然是一种动态活动，既然对每一个具体的经营对象没有一种唯一的完全有章可循的模式可以参照，那么欲达到既定的组织目标与责任，就需要有一定的创造性。经营活动是一系列创造性的活动，正因为它是创造性的活动，才会有成功与失败的存在。经营的创造性植根于动态性之中，与科学性和艺术性相关，正是这一特性的存在，使得经营创新成为必然和必需，也使得整合经营成为必要。因为每一个具体的经营对象都是唯一的，所以整合经营的方案具有个案创造性。

购并后整合过程中经常会出现的一个问题就是，管理者往往完全按照购并蓝图来执行具体的整合过程，他们认为购并蓝图不需丝毫的修改，也不必根据实际情况进行贯彻执行，这一点正是忽视了整合过程“运作艺术性”的特征。他们忘了，购并蓝图是建立在双方不完全了解的基础上，它通常是为适应收购方的政治强制性决策而列出的一张愿望单。这种僵化的“决定论”会导致不切实际的整合方案。当他们就公司资源转让和时间安排问题和原来的设想不一致时，双方管理层之间就会充满敌对情绪，这种敌对情绪会在管理层之间产生一种不合作态度，从而恶化了公司资源健康有效的整合过程。

管理者应考虑到，收购方案的执行过程，也是收购双方互相了解的过程之一，这一过程实际上也是双方相互适应的过程。况且，由于收购前所作的可行性研究，一般是以对目标公司真实的财务状况、公司发展战略、组织力量以及公司不足之处等方面的有限认识和了解为基础，很难和收购后的实际情况完全一致，这意味着，收购前的期望通常必须根据这种实际情况进行修正与更改。当然，对既定企业战略的执行不容动摇，但整合阶段是一个动态的、开放的过程，在这一过程中，要表现出相当的灵活性和艺术性。艺术性这种东西更多地取决于人的天赋与直觉，是一种非理性的，只可意会、不可言传的东西。

1.3.3 协同效应

企业购并在本质上是基于购并价值创造的企业投资行为和整合过程。一般认为购并价值创造源自购并所产生的协同效应，可以说，协同效应是衡量并决定能否最终实现价值增值的一个有效中间变量。尽管人们普遍使用协同效应的概念，但对它的内涵却缺乏深刻的理解。美国学者H. 伊戈尔・安索夫（H.Igor Ansoff，1988）认为："协同也就是购并双方之间匹配关系的理想状态，即一个公司通过收购另一家公司，使得公司的整体业绩好于两个公司原来业绩的总和，也就是通常所说的'1+1>2'的效果。"安索夫对于"协同效应"的这种界定一方面强调了购并所带来的公司业绩上的有形收益，另一方面更强调了购并双方实现匹配关系的理想状态，这显然是一种无形收益。也就是说，安索夫的"协同效应"显然包含有形和无形利益的双重潜在机会，以及这种潜在机会与公司能力之间的紧密联系。

日本的战略专家伊丹广之进一步深化了安索夫的观点，将协同概念分解成了"互补效应"和"协同效应"两部分，其中互补效应是指通过提高实体资产或金融资产的使用效率来节约成本或增加销售的方式，虽然两者经常同时发生，但互补效应并不是协同效应的真正来源，只有公司开始使用它独特的资源——无形资本时才可能产生真正的协同效应。并且由于这种协同效应很难被对手复制，因而可以给公司带来更为持久的竞争优势。伊丹广之实际上是将有形的收益界定为"互补效应"，而将无形收益界定为"协同效应"，从而突出了无形收益的重要性。

由于购并所产生的最终效益的大小主要受购并中的协同效应的影

响，因此对购并中的协同效应的分析，将比单纯地对财务指标的分析，更能说明购并的效果，也更有助于本书对购并效果的深层次解释。因为不论企业出于什么样的购并动机，最后都要产生一定的协同效应，协同效应的大小又决定了购并能否最终成功。

目前国内的研究通常将“协同效应”划分为生产协同效应、管理协同效应以及财务协同效应等。“生产协同效应”是指由于产品生产上的互补性或范围经济的存在，当两个或两个以上的企业合并为一家企业时，能使收益增大或成本下降。生产协同效应的产生，关键在于范围经济。而“管理协同效应”是指如果购并企业的管理比被购并企业的管理更有效率，且在购并企业购并了被购并企业之后，被购并企业的管理效率能提高到购并企业的水平，那么，购并也就产生了管理协同效应。按照这种观点，如果某企业拥有一支很有效率的管理队伍，其管理能力超过了管理本企业的需要，那么，该企业就会通过购并那些管理效率低下的企业，来使整个经济的管理水平得到提高。

虽然生产协同效应和管理协同效应在混合购并中都有不同程度的存在，但混合购并中的协同效应主要表现在财务协同效应方面。“财务协同效应理论”认为，购并企业之所以通过混合购并，进入不相关的产业而不是相关的领域，其目的是寻求财务协同效应。这种理论认为，在具有很多内部现金流量但缺乏好的投资机会的企业，与具有较少内部现金流量但有很多投资机会的企业合并，可以促使资金在企业内部从低投资回报项目流向高投资回报项目。有许多混合购并的例子被这种理论引以为据，这种理论事实上阐明了在购并企业的产业与被购并企业所在的产业之间进行的再配置。

此外，国内学者张德亮的新著还提出了“产业效应”的概念。“产业效应”是指某产业内企业的平均收益高于其他产业的效应。当某企业所在的产业，其需求增长速度低于整个经济平均的产业增长速度时，企业会发现它们所处产业的投资机会的吸引力相对较小，或者投资的回报率较低。企业战略理论认为，一个企业的成功取决于企业所处产业的吸引力和企业在该产业中的地位，一个具有竞争优势地位的企业，可能会由于栖身于一个前景黯淡的产业而获利甚微。企业发展的过程就是不断由衰退产业向新兴产业转移的过程。因此，混合购并是企业追求更高的产业效应的一个有效途径。

企业购并还具有分散风险的效应。企业的扩张往往伴随着经营业务的拓展，企业在进入一个新领域时往往面临着巨大的障碍，必须支付高额的转置成本，必须培养新的专业人才，必须建立新的销售渠道，必须积累新的产业经验，这一切构成了企业拓展新业务的经营风险，混合购并通过接收一家现有企业而从根本上避免了以上的缺陷。进入新的产业，本身就是通过多角化经营降低风险的手段。企业多角化经营有助于减少企业对现有业务的依赖。

综上所述，从理论上看，企业购并不仅可能实现企业在生产、管理以及财务等方面的协同效应，而且还是企业追求更高的产业效应和实现分散风险效应的有效途径。可以说，购并这种企业外部成长方式，对于优化资源配置、实现规模经济效应、降低交易费用、分散经营风险、促进产业结构的转换和升级等诸多方面都有积极的作用。然而，实际的效果并非如预期的那么大。究其缘由，是因为企业购并行为是一项非常复杂的经济活动，在其“1+1”的过程中，涉及两个企业的资产、业务、组织、人员、文化等的整合，如果整合得好，购并的积极效应就显著，如果整合得不好，购并效应不明显甚至会给企业带来损失。因此，注重企业购并后的整合，是企业购并效应得以体现的保证，或者说企业购并后的整合是企业购并效应发挥，并最终实现价值增值与创造的支撑条件。

2 研究视角与研究内容

2.1 研究视角

2.1.1 购并交易与购并后整合

对购并整合的广泛关注是基于购并活动的大量涌现与购并高失败率的巨大反差而不断出现的，购并是否创造价值、购并如何创造价值等一系列难题一直困惑着学术界和实践者，特别是经济学家、金融学家对资本市场实证研究也出现大量不一致的结论，更使得购并研究遇到较大的“困境”。管理学家尤其是战略管理领域的学者开始从更广泛的层次去重新认识购并的内在过程。Myers等（1998）发现，购并失败的主要原因在于两个方面：一是交易缺口（Transaction Gap）；二是转化缺口（Transition Gap）。前者可以通过交易过程、讨价还价来弥补，而后者则要借助于购并后整合的复杂过程来实现。Wasserstein（1998）则明确指出：“购并成功与否不是依靠被收购企业创造价值的能力，而在更大程度上，依靠购并后的整合。” Datta和Grant（1990）研究深刻表明，购并后的整合水平与整个购并活动的绩效存在一定的相关关系，在非相关购并中整合水平对绩效的影响为负。

Jemison和Sitkin（1986）在批驳多元化研究只关注战略关联性的基础上提出购并整合应重视战略匹配与组织匹配的共同实现。Haspeslagh和Jemison（1991）进一步深化了战略匹配与组织匹配的思想，在价值创造方式和与被购并企业关系两种维度下提出购并者可以在吸收模式、保护模式、共生模式三种整合模式中进行选择。Shrivastava（1986）的观点与之相似，他认为购并后整合有三个中心问题：合作、控制与解决冲突，同时购并者有程序性、实体性和社会性/管理性三种整合类型，并以这三个中心问题和三种整合类型作为维度，构建了包含九种购并后整合任务的概括性框架。Spicker（1995）、Grüter（1991）等学者提出结构、政治、人员和文化四方面的匹配性整合。

这些学者的购并后整合研究成果提升了购并后整合在整个购并价值创造活动中的重要地位和作用，突破了以往将购并活动看成独立事件的弊端，明确了购并整合与购并交易是两种机理不同的资源配置活动（Anand和Singh，1997；Capron和Mitchell，1997），使购并与整合成为一个连贯性整体战略纳入人们的考察视野。

2.1.2 古典研究与购并后整合研究

一般而言，企业购并活动的全过程可分为购并前的规划阶段、购并中的谈判阶段和购并后的整合阶段。按照三个阶段侧重点的不同之处，购并研究主要是围绕两条主线展开：一条主线是侧重于购并的前两个阶段，主要集中在企业购并的动因、购并的收益和效益、购并过程和技术性问题三个方面，可称之为“古典研究”；另一条主线是侧重于购并后整合管理的“购并后整合研究”（Post-merger Integration，简称PMI），主要研究购并后如何实现公司价值增值、购并企业与目标企业双方如何建立联合价值创造机制的问题。

就所积累的文献量来看，多数国内外研究成果集中于第一条主线即“古典研究”方面，对经济学领域及其研究方法借鉴颇多。但“古典研究”的最大缺憾在于将购并后整合视为“过程黑箱”，假设购并后整合会伴随购并交易完成而自动完成。虽然能将考察期延长到两三年甚至更长来研究购并绩效，但这些研究无一例外地将购并本身或交易绩效与购并后整合绩效混同起来，忽略了购并后整合的特殊机理，使得出的结论过于笼统，难以深刻认识购并活动。20世纪80年代中期以后，国外学者已开始用“过程观点”（Process Perspective）来重新认识和研究购并后的整合活动，即将购并看作一个长期持续的协同过程，而不是一次性的购买行为，购并后整合是一个由购并双方的管理者与员工共同参与的、具有延续性而非一次性的一体化过程。目前，购并后整合研究已积累了一定的研究成果，但国内学者相对关注较少，目前国内大量的购并研究都局限于古典研究的范畴。“古典研究”与“购并后整合研究”两者从研究内容到研究视角都有很大不同，这里将作以简单剖析。

1）古典研究

目前，国内对于购并问题的研究成果比较多，其中古典研究主要包括：从总体上对购并问题进行概括性的探讨（沈艺峰和贺颖奇，1998；严军兴和王文钦，1996）；对购并这种企业成长方式的理论依据及动因进行探讨（张德亮和丕禅，2002；程兆谦和徐金发，2000；杜智勇，1999）；关于购并过程中应采取的具体模式的探讨（吴帆，2000；陈洪波，2000；魏芳，1999）；企业购并中的会计与审计问题研究（杨晓莉，2000；王晚秋和毛春华，2000；王聪和杨盛芳，2000）；对全球购并浪潮的发展状况及对中国启示的探讨（高茜，2000；姚莉，2000；闵宗银，2000）。国外早期的研究也大抵如此：研究围绕着对购并得以产生的原因分析（Halpern，1983；Jensen和Ruback，1983）；购并（Acquisition）执行过程中应注意的具体操作问题，如前期的计划以至谈判过程中应注意的问题（O'Conor，1985）；在购并伙伴选择的问题上应考虑的各个方面，如购并双方的战略匹配性（Strategic Fit）（Rappaport，1979；Graves，1981；Marks，1982）等。这些研究，总体看来，均可以归为典型的古典式研究（Classic Studies），它们的共同点是：

（1）从研究内容上看，这类研究多是将重点放在研究购并得以创立并管理的动因、前景（目标）、战略伙伴的选择以及收购行为完成之前的方方面面，研究的重点在于为什么要“购”（Acquisition），以什么样的方式“购”，“购”的前景如何以及“购”的对象等战略性抉择问题。对购并失败原因的解析也大多集中在收购行为完成之前所可能造成的失误，如购并动因的失误。例如有些企业混淆了规模经济与经济规模的区别，进行购并仅仅是出于扩大企业规模的动机，以为“大”的即是“好”的，盲目购并，不仅增加了日常的管理费用，而且影响了企业核心竞争力的培育，给企业自身的发展背上了沉重的包袱。此外，购并动机的非理性还表现为购并企业高层经理的“不良”动机，比如委托-代理问题、管理主义等问题所引起的诸多隐患。古典研究对于购并成败的标准也主要以会计上的财务数据或公司在资本市场上的股票市值为依据。

（2）从研究视角来看，古典研究一般是以“理性选择观点”（Rational Choice Perspective）为出发点进行研究的。“理性选择观点”，即将购并过程看作高级管理人员进行理性战略抉择的过程，也就是说，购并主要是高层管理者基于增加股东财富、为管理人员创造更多的发展机遇、抵抗行业竞争压力等战略考虑而进行理性决策的行为。这种所谓的“理性选择观点”的缺憾之一即是将整个研究的视角构筑在“高层管理者”身上，认为购并过程主要是高层管理者的一种战略决策行为和选择过程，高层管理者代表着组织的利益，他们的行为直接主宰着购并成功与否的命运。这一倾向在管理学的早期发展史上有着较深的渊源，管理学的早期研究中更多倾向于管理者的突出地位和作用，“科学管理之父”泰罗认为工人的“最优操作方法”应该由管理者来研究和制定，被管理者只要依照管理者所研究出来的“最优方法”去做就行了；而法约尔则更直接地将研究的重点放在了经理人员的职能方面。沿袭这种传统，古典研究将研究重点仅放在“高层管理者”身上，这种做法，忽略了被管理者在整个购并过程中的积极作用，事实上，被管理者是影响整合乃至整个购并过程成功与否的关键因素之一，他们对于购并的态度、反应和行为直接影响着整合购并的效果。

2）购并后整合研究

对于购并后整合的分析是最近兴起的一个研究领域，但目前国内在这方面的研究已经涉及购并后的战略、资产、组织、人力资源、技术和企业文化整合等诸多方面（魏江，2002；项保华和殷勤，2001；程兆谦，2001）。国外类似的研究也不胜枚举（Janson，1992；Cartwright等，1992；Schweiger等，1987）。可以说，购并后整合这一研究虽然才刚刚开始，但发展势头和前景却不可估量。曾一度被媒体频频曝光、大肆吹捧的购并经典——美国在线收购时代华纳、奔驰购并克莱斯勒、思科系列购并等，今天也同样面临着整合管理上的巨大难题，整合研究的必要性和重要性不言而喻。目前这方面的研究，归纳起来，其主要特点有：

（1）从研究内容来看，目前国内外购并后整合研究在某种程度上弥补古典研究中的疏漏和不足，已经开始将研究重点放在了购并的第三阶段，即价值创造的重要阶段——整合阶段。整合研究者普遍认为所有的价值创造过程都集中于这一阶段。他们认为战略匹配性、组织匹配性等因素为协同效应的产生提供了潜在的可能性，而协同效应才是衡量购并是否能够取得成功的最终尺度，且协同效应的真正实现仍仰仗于管理层以一种有效的方式对整合阶段加以管理。研究的重点主要侧重于管理者在整合阶段所采取的措施、这些措施对于购并方和目标公司的影响以及整合过程如何实现了价值增值。对于导致购并失败因素的分析也开始着眼于对组织匹配性（Organizational Fit）、人力资源（Human Resource）、文化碰撞（Cultural Clash）等要素的剖析。

（2）从研究视角来看，目前国内外购并后整合研究更注重从“过程观点”（Process Perspective）和“组织行为观点”（Organizational Behavior Perspective）出发来展开。所谓“过程观点”即将购并看作一个长期持续的磨合过程，而不是一次性的购买行为（这也是目前国内外购并后整合阶段研究人员所普遍持有的主张）；而“组织行为观点”则是更加关注购并双方企业中的员工对购并行为所持有的态度和所采取的行为（在某种程度上讲，这可以看成是对古典研究的一种修正）。从“组织行为观点”出发意味着，管理者，特别是高层管理者固然对购并的战略抉择起着至关重要的作用，但购并双方的员工对购并所持的态度和采取的行为等也直接影响了购并的最终效果。那么，从“过程观点”和“组织行为观点”出发则意味着，将购并看成是一个由购并双方的管理者与员工共同参与的、延续性而非一次性的一体化过程。

综上可以看出，目前国内外对购并后整合阶段的研究确实弥补了古典研究的某些缺憾和不足，但需要指出的是，它仍不能构成对古典研究的一种替代，这些研究不过是建立在古典研究基础之上、对古典研究的一种补充和发展，它本身在理论构建、研究方法等诸多方面也存在着很多缺憾和不尽如人意的地方。尽管如此，购并后整合研究的兴起对整个购并理论的发展具有极其重要，甚至是革命性的意义，对购并实践已经、也正在发挥着至关重要的指导性作用，这一点是毋庸置疑的。那么，目前理论界在这一领域究竟有哪些代表性的观点呢？这些观点在对购并理论做出一定的贡献的同时，又存在着哪些缺憾呢？

2.2 研究内容

作为新的研究趋向，人们开始对购并后整合研究表现出浓厚的兴趣，在较短一段时间内，这方面的研究成果不菲。总体来说，大部分的研究成果都是“内容型”（Content-oriented）的，即围绕着整合的内容而展开，诸如购并后整合中的文化融合、人员整合（高层变动和员工管理）、组织协同、战略整合以及购并后整合中的知识和能力分析等等。其中，“匹配性概念”（Fit-concepts）成为贯穿购并后整合研究的一条重要主线，不断推动购并后整合深入发展。下面将对这几个方面比较有代表性的观点作以简要介绍。

2.2.1 文化融合

文化整合问题在购并后整合研究中常常是关注的重点和焦点，Kogut（1985）指出购并后整合中存在三种文化差异：民族文化差异、组织文化差异和专业文化差异，任何一种文化差异都会导致购并整合失败。David 和 Singh（1993）认为整合过程中文化风险根源于地域融合、组织间融合、组织内部融合以及运营融合四个方面。而且，文化风险是不稳定的，在购并整合中涌现的程度会不断变化。组织文化差异体现于管理风格、价值观等方面，其中管理风格的核心是高层团队的企业家精神导向（Covin和Slevin，1998），还包括风险偏好、回报周期、权力结构配置、职能侧重和利润分配（Davis，1968）。

但是关于文化整合与购并绩效的内在关系问题，目前尚未取得一致性意见。Callahan（1986）、Rapport（1982）通过案例分析指出，文化差异特别是管理思路和价值观的差异会造成很多整合问题。Chatterjee等（1992）发现购并双方高级管理层间可察觉文化差异与购并方的绩效呈负相关关系；但在跨国购并上民族文化差异对购并整合绩效有正向作用。Morosini等（1998）研究结果显示民族文化差异提高了跨国购并业绩，因为虽然民族文化差异会导致整合难度加大，但其多元化惯例也难以被其竞争者所模仿，其跨国购并的业绩反而越大。

如何管理整合中文化冲突或者说针对不同情况采取哪种文化整合模式也是购并后文化整合的重要议题。Berry（1980）将文化整合称为“文化适应”（Acculturation），提出购并后整合共有四种文化适应模式：一体化、吸收、分化与混沌化。Mirvis和Marks（1992）就认为文化冲突一般会经历感知差异、放大差异、典型化和压制四个阶段，建议购并后整合中采用重视、明晰和促进适应来管理文化冲突。Nahavandi和Malekzadeh（1988，1993）的分析最有深度，他们将文化整合看作购并双方互动的过程，购并方采用何种整合模式要从文化宽容度和战略相关度考察，被购并方采用何种整合模式要从购并方文化吸引力和保留原被购并方文化倾向来衡量。他们还进一步指出，购并双方选择的文化整合模式趋于一致时，整合过程就会比较平稳，容易达成共识并提高整合效果。

2.2.2 人员整合

如何通过人员的整合来达到购并双方的良性关联也是购并后整合研究的关键问题。目前，该研究成果从两个层面展开：一是高层管理者、管理团队层面，涉及高层接管、高层参与、高层管理互补机制等；另一层面主要针对购并方雇员的过渡管理、生产率保持和心理契约重构等问题。

Drucker（1999）在购并成功的五要素中指出，公司高层管理人员的任免是否得当是根本成功的关键。Cannella和Hambrick（1993）研究发现管理层接管对购并绩效产生负面影响，这些负面影响亦会随高层经理更换增多而加剧。Krishnan和Judge（1997）对此也得出类似的结论，并且指出新旧高层管理团队之间的互补对管理绩效有积极影响，对这种互补性应尽可能地加以保护。Walsh（1988）检验了高层管理接管变动率，发现这一比率很难被购并双方之间的市场关系所解释。

不确定性的增强是购并对中层雇员的最根本影响（Marks和Mirvis，1985）。Mozeson和Gretchko（1998）指出大多数雇员都是风险厌恶型的，购并使这些雇员从日常的经营活动转变到购并的政治化过程，加大了雇员的预期风险。很多文献探讨了购并整合过程中给员工个体造成的心理和行为影响及其相关因素，包括员工压力和焦虑（Bastien，1987；Buono和Bowditch，1989）、低满意度和道德水平下降（Schweiger和DeNisi，1991）、非中心化行为出现（Schwiger和Weber，1989），还有部分学者提出了一些员工整合的方案，如Shea和Vaught（1994）认为雇员补偿计划和收益计划是改进购并后人员整合的关键。Tetenbaum（1999）提出人事部门在购并前谈判和购并后整合都要全程参与，否则会导致购并重大失败。

2.2.3 组织协同

组织整合的结果直接体现了购并的战略意图和未来发展趋向。在购并后整合领域中一开始是将组织文化及人员整合看作一个整体进行研究的，但有些学者发现，组织整合不能只是被看作其他整合活动的附带行为，组织整合有着自身的特殊研究价值，而且组织整合是文化整合、人员整合计划得以进行的前提基础，在实践中组织整合进行得更为直接和更具效果，因此一些学者试图重点对购并后整合中的组织协调、模式选择等进行研究，也取得了有益的成果。

Diven（1984）指出购并的组织目标不在于整合的重要程度，而在于确定对购并单位在整个组织运作中的自主性，同时他还指出报告系统要尽可能地避免大的改动，这将有利于实现组织成功衔接。Nahavandi和Malekzadeh（1993）认为要从组织结构的复杂程度、组织规章的正规化程度和组织决策的集权程度三方面来考察组织整合。Galpin和Herndon（2000）还提出了购并后整合需要考虑的组织设计的十三个基本参数，包括：核心战略业务、报告系统、部门化、控制跨度、权威分配等，大大拓展了组织整合的研究内容。

2.2.4 战略协调与战略匹配

企业购并无疑是企业历史演进过程中引起战略问题的事件。在战略管理文献中，战略问题（Strategic Issues）被看作“对组织的战略有重要影响的发展、事件和趋势”（Ansoff，1980）。它给企业所带来的，既可能是威胁和挑战，也可能是机会。如果说失败或者预期绩效与实际绩效间发生偏离可以刺激组织的学习和变革的话，那么企业购并无疑也是刺激组织学习和战略变革的一个重要事件。

购并将给企业带来质的变化。购并可以使一个企业在现有的业务领域内加强它的能力、巩固它的竞争优势；可以使企业有机会把它现有的能力应用于新的、相关的业务领域，或者把新的能力带入企业应用于现有的业务领域；还可以使企业探索性地进入需要增加新的能力基础的全新业务领域。这意味着，购并企业的资源和能力会发生变化，新企业的市场竞争地位也会因此受到影响，竞争者可能对购并做出积极的反应——调整自己的竞争战略，企业在公众心目中的形象也可能因购并及购并过程中所采取的一些行动（如裁员）而发生改变，各种营销关系特别是目标企业原有的顾客关系可能因购并而受到影响甚至发生动摇，等等，所有这一切都可能要求购并企业变革原来的战略。一般来说，战略变革或演进是在战略的搜寻和选择过程中发生的。

“战略搜寻”（Strategic Search）是指企业在寻求最适合自己的未来发展方向的过程中旨在搜索可供该企业选择的战略方案的一种演进过程（Majaro，1992）。选择过程（Selection Processes）则是指企业在市场竞争中的优胜劣汰。选择过程既发生在组织内部，也发生在组织之间，内部选择和外部选择共同决定着组织的命运。在选择过程中，通过改变企业的战略观念，新的（现有的）战略变异（Strategic Variation）被内部选择（淘汰）和保留（抛弃）。经选择过程生存下来的企业，是那些具有适当的内部选择环境的企业，它们的内部选择环境能够反映外部环境中的相关选择压力，且能产生外部可行的、被内部选择和保留的、新的战略变异。

然而，现实的环境是动荡多变的，企业的战略必须随之做出调整，以持续获取、整合、再确认它的行政组织技术、资源和功能性能力，不断进行能力的创新。由此也就不难理解，战略和组织演进的路径依赖特征会给企业的持续成功制造障碍。玛卡达克和沃尔克（Makadok和Walker）对一些组织学习理论和进化经济学的著作中提出的“战略搜寻是适应性的”的假设，以及汉南和弗里曼（Hannan和Freeman，1984）结构惯性理论所建立的“战略搜寻是非适应性的”假设进行了检验。他们的研究没有找到对适应性假设的支持，但却找到了对非适应性假设的强有力的支持。可能正是因为或者在很大程度上因为战略和组织演进的非适应性导致了企业的“短命”现象。

2.2.5 知识和能力

运用知识、能力、资源等概念来认识企业及其行为是战略管理领域的新趋势，这一领域主要关心企业中的知识如何随时间不断累积及这些累积性知识在何种条件下能形成战略性相关能力等问题。在“以知识为基础的企业”（Grant和Spender，1996）这一前提下，学者们借鉴知识观点开始重新考察购并后整合过程中的知识分享和转化。

Zollo（1998）认为购并方自身的组织学习经验积累过程会影响对被购并方的购并后整合水平。Fowler和Schmidt（1989）、Bruton（1994）等人研究发现，公司过去购并整合经验会对购并绩效产生较大的正向影响。Lubakin（1987）、Baum和Ginsberg（1997）却没有发现显著影响。而且，Haleblian和Finkelstein（1999）指出购并整合中的经验知识呈现非线性的U形曲线，对于初次购并拥有较少经验的购并方，还可能产生负的学习效应。

Singh和Zollo（1998）用知识的可编码性将购并经验、整合水平和购并绩效连接起来，通过深入的实证分析发现以往购并经验的知识可编码性程度越高，购并的整合水平越高，购并的经济绩效则越好。Leroy和Ramanantosa（1997）在对Inkpen等（1995）的认知主义和行为主义方法学习模型进行补充和完善的基础上，提出购并及整合存在四种知识学习模式：受阻型学习、经验型学习、行为学习和认知学习，认为成功购并必须达到认知与行为的一致性变化。Haspeslagh和Jemison（1991）认为存在三种战略能力的转化，包括经营资源共享、职能技能转移和一般管理技能转化，实现这些知识和能力的转化，才能达到购并中竞争优势的转移。

3 购并价值评价方法与比较

对购并研究，目前国内外学术界都取得了深入的进展，其中最受关注的核心问题之一就是购并是否创造价值以及购并如何创造价值。在进行购并价值创造的分析中，学者们运用了许多分析和研究方法，但也同时得出了许多不同甚至相反的结论。有学者认为购并为双方创造价值，有学者认为购并仅为目标企业创造价值，还有的甚至认为购并不会创造价值，而且即使实证研究得出的结论也大相径庭，难辨真伪。不同的研究结果在很大程度上与学者们运用的实证研究方法、选样和业绩评价的基准不同有关。其中，在样本选择上，学者们已经在趋于一致，逐渐体现出购并的控制权或控股权转移的性质。但在实证研究方法上，仍缺乏系统联系和整体思考。如何有效衡量购并绩效及价值创造？各种实证研究方法之间有什么内在联系，各有哪些利弊？如何运用这些实证研究方法？针对这些问题，本书将努力对购并价值创造方法论作探索性的比较和研究。

目前，国内外学者对购并价值创造实证研究主要采用五类实证研究方法，主要包括事件研究方法、会计收益或财务收益数据研究方法、股价收益研究方法、临床诊断研究方法以及非财务效应研究方法。下面本书尝试对各种方法进行比较和辨析。

3.1 事件研究方法

事件研究方法（Event Studies）最早是Dolley在1933年检验股票拆细行为的价格效应时首先运用的。该方法把企业购并视为单个事件，以购并宣告日为中心确定相应的“事件期”，然后采用股票时间实现的收益率与其预期收益率之间的差额“超常收益”（Abnormal Return）来检验该购并事件宣告对股票市场的价格波动效应，其实质是通过证券市场价格对购并事件披露后短时间的反应来度量购并这一经济事件对企业价值的影响。采用事件研究方法所得出的购并价值创造可以用股价的平均非常规收益（Average Residual，AR）或累积非常规收益（Cumulative Abnormal Return，CAR）表示。所谓CAR是指将整个区间内每一天的AR进行加总，而非常规收益是公司股价当日的实际收益减去正常预期收益。就这种方法本身设计出发以短期为主，主要测量的是购并本身价值变化即短期购并效应，它试图将购并作为企业发展中的独立事件分离出来，分析资本市场对购并的短期股价波动。

目前国外运用这种方法研究购并得出的结果比较一致，认为在总体上（即将购并双方股东的CAR加总），购并是能够创造价值的。而且目标企业股东在购并中的收益（CAR）要远远高于购并企业股东，即目标企业的股东收益具有统计意义上的显著性，购并企业则不然。Ruback（1983）在总结13篇研究文献的研究成果后指出，成功的兼并会给目标公司股东带来约20%的反常收益，而成功的收购给目标公司股东带来的收益则达到30%。Schwert（1996）研究1975—1991年间1 814个购并事件后得出结论，事件窗内目标公司股东的累积平均反常收益为35%。但国内学者运用此方法时结果分歧很大，我国学者余光和杨荣（2000）研究深、沪两地1993—1995年的一些购并事件后得出结论，目标公司股东可以在购并事件中获得正的累积异常收益，而收购公司股东则难以在购并中获利。但洪锡熙和沈艺峰（2001）通过对以申华实业被收购案为主的购并研究结果表明，目前我国市场条件下，二级市场收购并不能给目标公司带来收益。

实证结果的不一致是多种原因所致，学者们在运用此方法时在样本选择、时间跨度以及控制变量的处理上都不尽相同。但原因主要集中在两个方面：一方面是此方法本身的局限所致，确定“事件期”长短在事件研究方法中非常重要，它直接导致了这种方法的适用性和有效性。然而“事件期”越短，研究者越难以短时期内系统估计与购并相关的全部信息和影响，造成“原因遗漏”；可如果不断延长“事件期”，虽能一定程度上全面考虑事件影响，但可能引入不相关干扰因素，造成“原因偏差”，“事件期”选择的“两难”是这种方法一大缺憾。另一方面则是适用环境的不利影响。事件研究方法的有效运用建立在两个基本假设之上，一是资本市场必须是有效的，二是市场参与者都是理性的。中国目前的证券市场现状与这两点要求都相差甚远，这种证券市场不完善性体现在流通股与非流通股分割、缺乏有效监管、信息严重不对称等多个方面；而我国投资者成熟程度相对不足，一方面存在内部人（大股东、利益相关者等）利用信息优势，在二级市场进行内幕交易或操纵股价，纯粹从二级市场投机中牟利；另一方面中小投资者对股价过度反应，缺乏清醒的认识，缺少有效风险规避方法。因此中国上市公司购并短期效应中常出现CAR值极为明显的先扬后抑过程。从以上原因看，事件研究方法在我国证券市场的适用性和有效性要受多种条件限制。

3.2 股价收益研究方法

股价收益研究方法是一种长期时间序列分析方法，主要是根据计量经济学和统计学原理构造计量模型，选用符合统计要求的大样本数据判断理论模型是否或多大程度符合和诠释了实际的购并效应。由于采用较长期的股价数据，因此这种方法主要衡量的是购并的长期效应。

同上述事件研究方法一样，股价收益研究方法也是将购并双方股东的实际收益R与假定无购并公告影响的那段时间内股东的“正常”收益E（R）进行比较，得出超额收益AR。只不过将考察期大大延长，立足于对购并的中长期检验上。对实际收益R的计量主要通过计算测量区间内的股价的变化和股息的支付，而对于正常收益E（R）的估算比较复杂。学者们通常采用市场模型（Market Model）来计算E（R），也就是通过个股收益与市场股票收益的关系构造回归模型，估计有关参数，进而以这些参数来计算个股的正常收益。

Dodd和Ruback（1977）运用此方法对1958—1976年间的136个股权收购成功中的目标企业进行了检验，结果表明，在时间段months（-60，-13）中的超常收益（使用市场模型计算所得）在统计意义上和收购要约宣布日并无显著关系，但在超过时间段months（-12，-3）之后超常收益才是正的。Agrawal等（1992）基于一个包含美国937起兼并交易和227起要约收购交易的更大样本，发现收购企业的股东在兼并完成后五年间都损失了财富的10%。Mandelker（1974）、Kothar和Warner（1997）、Fama（1998）等都以股价收益长期分析方法为基础，并相应进行了改进，积累了很多极有意义的研究成果。

股价收益研究方法一定程度上可以平衡事件研究方法短期效应研究的不足，对信息披露和股价异动有一定的长期“中和”作用。但细加详察，股价收益研究方法实质上是事件研究方法时间长度改变的“翻版”，而且还融入了新的“干扰因素”。例如，长期考察中的公开信息更加有限；股票市场庄家操纵市场行为普遍，股票价格很难反映企业价值；我国证券市场发展和规范方面的政策措施不断出台，发展环境变化迅速，常出现“政策市”。长期中大量外在因素纠缠在一起，这种方法不仅难以剔除其他事件的影响，更加难以看出购并短期和长期效应及价值创造。我国学者吴世农（1996）就曾深刻指出，我国股市发育时间不长，信息的完备性、分布均匀性和时效性与发达国家还存在着较大的差距，股价易受人为操纵；冯根福等（2001）也指出，我国上市公司大量非流通股的存在会导致难以衡量股价涨跌中非流通股股东的收益变化，造成股价与公司业绩往往脱钩，用公司购并前后股东财富的变化无法准确衡量购并业绩。因而，股价收益研究方法同事件研究方法一样，由于资本市场的弱有效性而大打折扣了。

3.3 财务收益数据研究方法

很多学者认为，无论是事件研究方法还是股价收益研究方法仅仅检验了股价对购并等重组活动的反应，单单从股价的变动不足以判断购并双方的得失，更不能检验样本公司的经营效率，应该从别的角度来分析和评判购并的成败，因此主张利用会计财务数据对重组和购并的绩效进行研究。

财务收益数据研究方法是选取合适的财务收益指标和较长时间跨度的数据，通过构造一定的计量模型，来评价购并的长期业绩。所运用的财务指标涉及偿债能力指标、营运能力指标、盈利能力指标、增长能力指标、经济增加值EVA等。其中最为常用的是净资产收益率（ROE）、主营业务利润率（主营业务利润/总资产）（CROA）、每股收益（EPS）等几个指标，其中对净资产收益率等指标有效性，学者们比较认可。陈晓等（1999）的实证研究表明了净资产收益率等上市公司会计报表盈余数字仍具有很强的信息含量，他们认为财务数据操纵大部分只是暂时的，随着观察时间段的延长，企业经营业绩最终都会反映到会计报表中去。

目前国内学者已经采用此分析方法作了大量研究：檀向球（1998）对沪市1997年的198个重组案例进行研究，建立了包括主业利润率、净资产收益率、资产负债率、主业鲜明率等9个指标的资产重组后绩效评价体系，结论是进行兼并扩张的企业绩效下降，发生股权转让的上市公司经营状况得到改善，进行资产剥离股权出售和资产置换的上市公司业绩显著提高。原红旗和吴星宇（1998）以1997年重组公司为样本进行了实证研究，比较了公司重组前后的四个会计指标，发现重组当年样本公司的每股收益（EPS）、净资产收益率（ROE）和投资收益占总利润的比重较重组前一年有所上升，而公司的资产负债率则有所下降，这些会计指标变动幅度与重组方式和重组各方的关联关系有关。冯根福与吴林江（2001）用一种以财务指标为基础的综合评价方法来衡量购并前后的业绩变动，结果表明，上市公司的绩效从整体上有一个先升后降的过程，不同购并类型在购并后不同时期业绩不同，购并前上市公司第一大股东持股比例与购并绩效在短期内呈正相关关系。此外，王跃堂（1999）、高见（1999）、陆国庆（2000）、郭永清（2000）等与许多证券机构和公司都对购并重组绩效即价值创造问题进行了讨论。

尽管财务收益研究方法一定程度上弥补了资本市场的缺陷，但不可否认，在目前管理制度和法规不完善的情况下，不少上市公司财务信息不同程度地存在虚假。譬如，根据购并重组的相关法规，重组方案必须有财务上的改进，才可能获得批准。因此，上市公司很可能会进行财务报表式的重组，即报表上的财务业绩有所改善，但是资产质量并无改进，这样的重组显然难以创造价值。因此在这种会计利润指标经常会受到操纵的情况下，从财务指标得出的购并结论也具有相当的局限性。而且，绝大多数的公开财务数据都是累加值，难以独立分开单个的规模较小的事件的影响。也就是说，时间段越长，财务指标越是多个事件综合影响的结果，购并的价值创造和效应越难以辨识。

3.4 临床诊断研究方法

前面讨论的二种分析方法有一个共同之处，即都是以公司或金融市场所提供的大样本公开数据作为研究对象。它们实际上建立在“购并同质”这样一个隐含的基本假设之上。但在现实中存在的却是大量的“购并异质”现象，不同的购并活动从规划、谈判甚至到整合都难求一致。

这种以“购并同质”为逻辑起点的大样本实证研究方法显然存在诸多不足，首先，购并结果的形成往往是由某些深层次原因引发的，这些原因作用于大样本中不同个体的途径却不一定相同。某些被大样本统计研究视为噪声而忽略的个体差异性和异常因素在某些特殊情况下，可能使统计结果与实际影响背道而驰。其次，许多作用因素和现象仅仅依靠公开数据往往难以清晰描述。对难以量化的现象，大样本统计检验方法在分析上难免“力不从心”。尽管很多购并研究结果表明购并产生了正的股票收益，但并没有提供购并价值变化来源的深层次分析。更值得注意的是，学术界已开始认识到购并后整合对购并成败和价值创造的重要作用，Mercer指出，兼并后的整合管理对于兼并的最终效果有直接的影响。Kearney统计分析表明，购并53%的风险存在于整合阶段。而以大样本公开数据为基础的实证研究方法对于整合的研究显得非常乏力。因而，在购并领域仅仅依靠大样本实证检验方法，难以深入理解购并现象。

针对大样本实证研究尤其是公开数据真实性不足，西方学者逐渐开始采用临床诊断方法（Clinical Reasearch）。临床诊断研究方法是在不能全面准确判定全部样本购并绩效的情况下，分析了解个案，寻求个案解释，深入观察特定购并案例的绩效动态变化过程，从而判断购并事件的效果。这种方法在西方公司财务领域中得到了广泛应用，其优势已在应用中渐渐体现出来：①主要是弥补了大样本实证研究的不足，探索真实经营数据，以较少数量样本公司为对象，从购并参与者中获得有价值的实践信息，提供对企业和个体行为环境的丰富理解，为理论和大样本统计检验提出新的思想、问题和研究线索；②这种方法数据收集更为主动，对于样本公司历史和各种相关的非公开信息积极搜寻，对不能量化的影响因素做了深入考察；③与将发生案例简单叠加的一般性经验研究不同，临床诊断研究方法更注重购并中价值创造的动态演变过程，对购并进行跟踪性调查，其对购并价值创造研究成果更具潜力和说服力。总体而言，这种方法与个案分析比较类似，但与个案分析不同的是它不排斥数据分析，还同时交叉运用着前面提到的三种方法，进行更深入剖析，非常有助于区别购并短期和长期的价值创造。

现在这种方法得出了许多有学术价值的研究成果，丰富、拓展和深化了对购并价值创造内在机理的理解。例如，国外学者Calomiris和Karceski（1998）对美国中西部银行在1992—1994年期间完成的九大购并案进行了逐一分析，驳斥了原有的关于银行购并无效率的结论。Kaplan和Wruck（1996）访谈了购并宣布后11个交易日的股票市场反应呈正负相反两家公司的管理层，通过分析非公开的经营数据，指出长期效应实证研究采用的评价标准（如购并后经营利润率和资产收益率）并不能有效衡量购并的价值创造，其研究结果揭示出购并价值创造成败内因在于双方的了解程度、购并后整合能力和管理层激励。这些结论大大提高了购并的研究水平。临床诊断研究方法的价值和重要性已日益被西方学术界所认同，我国学者应多加借鉴。

3.5 非财务效应研究方法

前四种实证分析方法所探讨的购并价值创造实质上是经济价值，即使是临床诊断研究方法也着重探讨的是未公开数据。实际上，购并包括了多种价值创造，其中有经济效应也有非经济效应，既有股价效应、财务效应、宏观经济效应，也有非财务效应、社会效应等等。特别是我国正处转型时期，多数购并具有许多特殊的性质，如政府广泛地参与收购的整个过程，多数收购必须得到政府批准；由于国企产权多元主体性购并所带来的社会效益和影响；购并中发生的大量政策支持和倾斜等等，因此，由于购并主体特殊性导致我国许多购并不仅存在经济效应，而且伴随着大量的非经济效应。同时，企业购并中所发生的所有变化也不能都用经济价值指标去衡量，应用非经济指标定性实证分析购并效应是必要的。到目前为止，只是在购并前规划和目标企业评估时用到一些非财务指标，但在购并后较少有学者建立科学的评价体系去衡量购并及整合所创造的非财务价值和社会效应，这大大限制了我们对购并价值创造影响的认识和理解。

鉴于购并所创造价值的多层性和广泛性，一些国外学者尝试用新的方法衡量购并效应。例如有的国外学者购并研究中融入战略规划的PIMS评价指标方法，PIMS研究通过考察投资强度、市场地位、市场增长、产品所处周期、产品服务质量和创新差异性等六个主要因素来评价购并对企业的价值创造，如盈利能力和净现金流量。其中最重要的是市场地位，即市场占有率，而购并是产业集中和提高市场占有率的重要方法，可以看出财务指标无法衡量企业综合竞争力的提高。另外，国外已有一些学者注意到企业购并中所涉及的非经济效应，并将购并整体称为“社会化”过程。并相应提出一些非财务评价指标，如管理者素质提高率、创新能力改进、社会贡献率、客户满意率等，从更广阔的层面认识了购并的价值创造效应。有的学者甚至深入到特定产业中，比如网络公司购并等，除了一般财务和非财务指标，还增加点击提高率、市值/每月页面点击量等多项新的评价指标。如果深入到中国国有企业购并，就更加有必要基于实证角度考虑并相应评价特定问题如高额债务处理、富余人员安置、社会服务职能剥离、社会贡献等所带来的“无形”价值创造。国内学者由于存在其研究方法“不够严密”的固有认识，较少采用。不过，本书认为，树立这种方法科学性的关键在于建立可信的科学评价体系，而不应只质疑其方法上的学术价值。

3.6 评价与总结

前文对各种实证研究方法进行了严密的分析和比较，各种方法具体比较见表3-1。

表3-1 **购并价值创造的实证研究方法辨析**

衡量方法	价值类型	特点	数据要求	数据收集	适用要求
事件研究方法（Event Studies）	短期价值创造或交易效应（不包含整合阶段）	通过证券市场价格对购并信息披露后短时间反应来度量购并对企业价值的影响	购并交易日前后股价变动数据	股市公开交易数据，被动收集	购并溢价（M&A Premium）
股价收益研究方法	长期价值创造效应（包含整合阶段）	公司购并前后股东财富的变化	连续多年股价状况	来自大样本公开数据资料，被动收集	证券市场规范，股权结构合理，对我国购并适用有限
财务收益数据研究方法	长期价值创造效应（包含整合阶段）	公司购并前后公司业绩的变化	连续多年财务指标状况	来自大样本公开数据资料，被动收集	会计信息披露真实财务较透明

续表

衡量方法	价值类型	特点	数据要求	数据收集	适用要求
临床诊断研究方法（Clinical Reasearch）	短期和长期价值创造较真实鉴别，并可以衡量购并及购并后整合中直接或间接交易费用	购并鉴别分析、直接或间接交易费用分析、购并价值内因及真正来源分析	购并参与者的未公开真实数据	主动收集	企业内部数据资料能够索取，研究的样本数量不能太大
非财务效应研究方法	购并创造的非经济价值及效应	寻找购并及整合对企业内外影响的非量化指标	购并所引起的非经济效应数据	主动收集	企业购并外部影响数据资料能够索取，且能建立较科学的评价体系

资料来源：作者整理。

从现实中运用上述五种研究方法得出的各种实证结果来看，对购并的价值创造这一核心问题至今尚未得到一致的结论，结合以上实证方法比较分析综合考察实证结果不一致的内在根源，主要有以下五个方面原因：

1）各种实证方法本身具有难以克服的局限和内在缺陷

通过上述五种实证方法的比较分析可看出，每种方法不仅在研究购并时各有限制条件，而且在运用时自身都存在着巨大的内在缺点。譬如，“事件期”的选择困难一直是事件研究方法的“顽疾”；股价收益分析方法和财务收益数据研究方法又难以消除长期干扰因素的影响；临床诊断研究方法和非财务效应研究方法还要求使用者必须深入企业内部调查能够掌握第一手材料，如此等等。这些缺陷的存在注定了使用单一实证方法时，会导致所得结论存在较多“内在隐患”而难以克服。

2）实证方法对适用环境的高要求性

各种方法的有效运用离不开其严格要求的适用环境假设前提，而我国证券市场不完善，财务性购并重组大量存在，样本公司固有体制落后。而且最重要的是，与国外相对“平稳”的经济结构环境相比，我国正处于转型时期，改革步伐快，经济环境和结构调整迅速，也使得购并活动的模式、重点等变化剧烈，而在研究方法上还缺乏有效的调整和匹配，因而使得国外理论及模型方法在我国“移植”无疑罩上一层阴影。

3）协同效应存在多层次性、广泛性

很多国外学者对购并价值创造的协同效应只是立足于购并双方，其评价中心是购并双方股东价值最大化。而在我国转型时期，购并活动在多方利益主体影响下，其价值创造所依赖的协同效应既来自购并双方，也来自地方政府、国家主管部门，甚至还有监管机构、中小股东，尤其是上市公司购并中协同效应更体现了多层次、多方利益的复杂性，单一实证方法无法体现这种价值创造的复杂机理。

4）中国企业购并动因具有特殊性

有关购并活动的动机的研究，国外学者持有多种观点，包括效率理论、价值低估说、狂妄假说、代理动机学说、交易成本理论等。而在我国，除政府主导购并活动外，购并动机最明显的是代理动机和狂妄假设(张新，2003)。基于规模扩大和自身利益最大化的管理层主导和基于政绩的政府主导对我国购并失败应承担较大责任。而不综合各种实证研究方法、不考察企业购并前后状况则难以认识购并动机背后的体制和深层次原因，当然对价值创造的研究也只能停于表面。

5）购并价值创造内涵缺乏明晰的认识

在考察各种实证研究方法之前，对购并价值创造首先应有一个明确的认识。由于购并的“外在表现形式”是交易过程，而且很多购并只是资本运营产权交易，也就是为交易而交易，因而造成人们对购并的认识十分片面，大多停留在购并交易和购并的形式上。但真正意义上的完整购并包括购并前规划、购并中交易和购并后整合三个阶段。购并绩效或价值创造实际上产生于后两个阶段，一是购并交易中的价值创造，二是购并后整合所引起的价值创造。前者可以说是购并的短期效应或溢价效应，而后者体现的是购并的长期效应。不同的价值创造阶段、不同的价值创造类型需要相应的实证方法，而我们恰恰在购并的价值创造机理和内涵上尚未深刻认识。因而，只有达到对购并价值创造内涵的正确认识，购并分析方法才能进一步发挥积极作用。

从上述五类购并价值创造的实证研究方法对比辨析中可以看出，各种实证评价方法各有所长，但各自也有很多的局限性和约束条件。事件研究方法主要衡量购并短期效应，即交易前后的价值创造，股价收益分析方法可以衡量包括交易和购并后整合的中长期效应，但如前所述，这两种方法国外较适用，而在我国股市由于存在多种“不规范性”，股价与公司业绩往往脱钩，这两种方法研究结果难以令人信服。财务收益数据研究方法一定程度地避开了股市局限，但由于财务数据的历史累加性质，其研究结果又融入了更多其他事件的影响，而且目前存在大量财务性虚假报表，其自身的数据真实性令人质疑。西方新兴的临床诊断研究方法以获取真实未公开数据为研究对象，弥补了一些大样本实证研究的不足。非财务效应研究方法可以探寻到更广泛的购并效应，但由于评价体系的不严密性，研究方法难以认同。

购并活动是作为整体现象出现的，而且由于资本市场、监管制度、指标建立甚至人为局限使购并研究过程和结果比预想要复杂得多，单一方法或角度研究在真正认识购并价值创造及其机理上无疑具有相当大的局限性。因此，综合各种实证方法探索购并价值创造是走出“购并丛林”的 条未来取向和研究道路。

4 购并后整合研究不足与拓展空间

购并后整合管理并不是一个全新的研究领域，多年来积累起来的购并后整合研究成果，充分说明了购并活动远比想象的要复杂。各个整合战略理论众说纷纭，似乎已经穷尽其词，然而在真正的购并实践中却难得要旨，这说明理论仍有很大不足，与实践的要求相差甚远，这也进一步要求我们在理论上有更大创新。

4.1 研究不足

一是购并后整合研究体系、研究方法等还很不完善。就购并后整合理论的现状来看，各种整合理论虽然从不同角度希望能洞察购并后整合之成功要素，然而在实际过程中“现存的购并后整合理论并不能很好解释并指导实际的购并整合案例”。其中，有的仅仅从单一的因果角度对复杂的整合过程作机械的线性思考，这种思维方式势必造成指导整合实践的顾此失彼、片面局限，导致对购并后整合过程的认识存在着很大偏差；另外也不乏平面式的思维方式，而这种思维方式下的产物势必缺少对整合“不同层次间跳跃”的思考。另外，将现有理论罗列得到的整合因素非常缺乏系统性和层次性，让人难以把握，实践中当然缺乏有力指导。

此外，在研究方法方面，相比于购并古典研究的比较成熟的财务收益数据研究方法、股价收益研究方法等，购并后整合研究本身的研究方法、分析方式甚至验证过程不够全面，难以综合评价整合过程。目前大多采用案例研究方法，样本数量相对较少，缺少全面系统的实证分析结果，购并后整合的研究结论以及研究体系还存在很多不一致的地方。

二是对购并后整合中协同效应的研究还很薄弱。贯穿于购并后整合中的“匹配性”概念体现着购并后各要素的“2+2>5”协同过程及其效应。然而，如何衡量这种协同效应？在购并后整合过程中的价值创造的源泉是什么？有形协同与无形协同的发生机理有何不同？这些问题在购并后整合研究中比较系统的阐述还很少见到。事实上，这些问题都是购并后整合研究所难以回避的关键问题。

三是缺少对多单位企业（如企业集团）的购并后整合特殊性分析。就目前文献量来看，购并后整合研究建立于单体企业间购并这一隐含假设上，即使跨国公司购并研究也只是突出民族文化差异对购并整合的影响，没有对多单体企业间购并特殊性详尽讨论。比如，企业集团间购并，价值创造体现在总部和下属企业两个空间层面上，购并后整合势必有着自身的特殊性。但目前就这一问题，予以专门研究的仍然较少。

4.2 拓展空间

一是在复杂性基础上认识购并及整合。现有整合理论的思维模式是单一的线性的，其对购并后整合运用的是还原论和确定论的思维，并据此建立模型，进行预测、决策、计划、控制等，把整合纳入确定性的条件下解决。实际上由于环境的复杂性和不确定性，组织系统的多层级、多单元、多目标的复杂性，管理信息的非对称性以及企业系统的非平衡和混沌性势必造成购并后整合的复杂性，整合的性质和功能并不是由其组成部分或具体活动线性叠加而形成的，因而整合理论是一种复杂的系统过程，既含有规律性的成分，又呈现混沌性复杂性，决不能机械地去认识。虽然说复杂性科学用于分析管理问题工具仍不成熟，体系仍不完善，但复杂性理论作为观察分析对象方式和认识方法，对于发现整合理论战略管理真正的内在机理是非常有意义的，以复杂性作为认识基础开拓了我们认识整合战略的新思路、新眼界。

二是在整合相容性上重新审视目标企业的选择。剔除单纯交易动机，购并过程中创造价值及公司价值的变化实质上分为两个阶段：重组和协同。重组是购并交易过程，是运用市场机制，通过将购并企业中的某些业务部门转让给更合适的买家来获益；协同是购并后整合过程，是通过购并双方的能力和知识共享、转移和扩散来创造价值，也就是依赖对双方的调整和合作实现新增价值。以往大量的购并研究实质上是重组和绩效探讨，一定程度上存在潜意识的"协同可以自动实现"的想法，因而针对协同的整合常常被忽视。以此类推，在大多数企业购并中，购并目标常定位于来自财务上的溢价，出现"购并失败"或"购并后遗症"就不足为怪了。

目标企业的选择是一个需要重新思考的问题。实际上，目标企业的选择应立足于购并"过程的预见"。不仅包括交易的预先研究，而且必须涵盖实际交易后协同的可能性问题。正如美国多年从事企业购并研究的马克·赛罗沃博士所言：成功购并的目标企业的选择至少包含三个方面：战略匹配性——在策略上寻求建立可持续性的竞争优势，根据购并的目的挑选与之相适应的整合战略；交易的可接受性——在价格上避免超额支付过高的溢价；整合协同的可实现性——考虑在后期实施整合难度、时机及整合策略，对双方差异的"协同"的远景前瞻。

三是注重对企业集团的购并后整合分析。对成长中的中国企业集团进行研究是当前我国企业改革的一个重要课题。经过多年的发展，我国企业集团已为数不少。但总体上看，在质量与规模上与发达国家差距甚大，在企业集团的组建和成长过程中存在诸多问题。组建企业集团的目的、动机并未得到正确的论证和体现。深层次的制度矛盾制约着企业集团的成长与发展，许多情况下变成为国有企业进行政策性扶贫的工具。因而导致中国企业集团的发展很不规范，也很不成熟，组建企业集团的整体效果大大低于人们预期的水平。

目前经济体制改革与对外开放已进入日益深化与制度创新的阶段，企业集团化扩展也进入了一个新的阶段，初具规模的企业集团也面临着进一步发展问题。例如，企业集团形成过程中有过多的政府行为，不能正确理解和处理内部积累与外部扩展之间的关系，如何通过组建企业集团获取经济效益，企业集团发展贪大图快、过分追求多元化经营、过分注重资产运作的资本型企业集团的作用而忽视对具体业务实施过程的管理、忽视产业型企业集团的发展，以及组成企业集团的子公司的管理体制未能理顺，企业、公司基础管理薄弱等。

中国市场经济的成熟最终将取决于具有中国特色的、规模庞大的、有国际竞争能力的、覆盖了代表性行业和高成长性行业的企业集团的形成。我国企业集团通过购并这种外部成长模式，面临着困难有多大、组织结构上会发生哪些重大的变化、职业经理阶层将面临怎样的冲击、企业家精神应发挥怎样的作用、企业文化又该如何调整等复杂问题，从理论上对这些问题进行深入、系统地研究，才可能对我国企业集团在当今特定的信息时代与制度变迁环境下的发展有较为明晰的认识。

四是对整合程度的把握：整合边界和最优整合域的提出。本书在研究现实整合理论的过程中发现，真正成功的整合不是各方面都完美的整合，但却是“合适”的整合，即整合理论存在一个“合理边界”（Boundary）。实质上，现实中存在“整合过度”（Over-integration）和“整合不足”（Under-integration）（Shrivastava，1986）。人们在异口同声批驳“整合不足”低效率时，却忽视了大量“过度整合”造成的巨大代价和浪费。整合不是消除被购并企业的自由性，而是通过保持被购并方相对程度自由性来吸收其竞争力而达到公司价值增值。通过前面三层次整合链分析看出，企业不可能实现最理想的无摩擦整合效果。文化、人员和组织三种变量在整合战略中相互制约，成本各异，势必造成整合存在受一定条件局限的最优域（Threshold），而不存在抛开内外条件限制的“最理想状态”。而且最优域是动态变化的，随着企业购并整合学习曲线下降，最优域面积呈扩大趋势。复杂系统特征，在购并后整合中更要寻找合适的整合域，既要达到资源优化配置，资产增值，又要保证组织文化能承受购并后整合，保证成员的新旧知识能力的良好衔接。购并后整合由于环境、组织等多种局限，不可能达到理想化的整合，只能是在各种局限条件下的最合适的整合程度。

尽管购并后整合存在着诸多局限，但总的来说，这个领域的研究在整个学术界仍然方兴未艾。不断推进购并后整合研究不仅有助于深化对购并问题的理解，而且对中国大企业成长走上良性发展道路也极具借鉴价值和启发意义。

第2部分　企业集团总部功能与购并整合

5 企业集团及管理机制

5.1 企业集团概念及类型

5.1.1 企业集团概念

“企业集团”一词首先是在20世纪50年代的日本开始使用的，特指三菱、三井、住友、三和、第一劝业银行和富士六大集团，后扩展至新日铁、日立、丰田、松下、东芝等大型新型的独立系工业集团。我国是在20世纪80年代中期引入企业集团这一概念的，目的在于引进一种新型的企业联合体形式，以推动经济体制改革和企业制度创新，并加速生产经营的集中，促使生产力迅速发展。

企业集团（Enterprise Group、Business Group、Industrial Group、Corporate Group）是一个内涵十分广泛的概念，各国学者的定义有所差别。如日本学者金森九雄在其主编的《经济辞典》中将企业集团定义为：多数企业互相保持独立性，并相互持股，在金融关系、人员派遣、原材料供应、产品销售、制造技术等方面建立紧密关系而协调行动的企业群体。我国学者覃斌认为："企业集团是以一个或多个大型企业为核心，以资本为纽带的控股公司及其附属公司组成的具有多层次组织结构的经济组织。"

综合研究文献比较分析，国内外学术界对企业集团的定义可分为两种：广义的企业集团和狭义的企业集团。广义的企业集团是指单纯的企业集合体，是企业之间横向、纵向联合的产物，它是若干个企业在同一地区、同一部门或跨地区、跨部门的经济联合体；狭义的企业集团是指企业之间在产权上相互结合而形成的经济组织形态。

本书将企业集团定义为：基于协同效应价值创造的通过股权（产权）纽带或契约纽带联系起来的介于单体企业与市场之间的多法人企业联合经济组织①。

5.1.2 企业集团类型

尽管经济特征上存在一些差别，但总体来看，可以把企业集团分为两大类，即财团型企业集团和母子公司型企业集团。财团型企业集团一般仅指以金融资本为核心的垄断财团，这类企业集团规模较大、实力雄厚、数量较少，如日本的三菱、三井等和美国的摩根、洛克菲勒、杜邦、花旗银行、波士顿、梅隆等；母子公司型企业集团包括以特大型公司为核心，通过控股、参股、契约而形成的经济联合体。"特大型公司在从事经济活动的同时又是母公司和控股公司，它们通过控股参股，控制和协调为数众多的子公司、孙公司、关联公司，利用业务协作及长期契约影响大批协作企业，在此基础上形成具有共同利益的经济组织"②。

5.1.3 企业集团特征

通常学术界将企业集团归结为下列特征：

1）资本（产权）联结性

一般认为，强化企业间协作关系的纽带有三种，即资本及其所体现

① 在这里本书只给出一般定义，在以后几节中将深入分析企业集团特质。
② 席酉民.基于文化的企业及企业集团管理行为研究——企业集团管理研究丛书［M］.北京：机械工业出版社，2004.

的产权关系、资产及其专用性所带来的生产经营协作关系、人力资本关系。企业集团的本质特征是以母子公司关系为代表的控股制。维持企业集团形成和发展的链条是资本及其所体现的产权关系。

2）层级组织性

企业集团必须有一个起主导作用的核心企业，也称为集团公司、控股公司或母公司，母公司是子公司的控股公司，子公司还可控股形成自己的子公司，从母公司角度形成孙公司，这种直接控股和间接控股构成了企业群体。

3）非法人性

企业集团本身不是一个法人，只是建立在控股、持股基础上的法人集合体。母公司、子公司和其他成员企业等可以具有法人资格，为法人企业，依法行使民事权利并承担民事责任，但建立在控股、持股基础上的法人集合体的企业集团本身不能视为法人。

这些特征在一定程度上确实揭示了企业集团与一般企业不同的特征，但是这些特征还是比较粗浅的，只是企业集团众多内在特征的外显化表现。很显然，本书不会“浅尝辄止”，本书将在这些特征框架下对企业集团更深入的组织结构、治理管理、控制机制等内在方面作详细考察，以期对企业集团特质获得更加透彻的理解。

5.2 企业集团差异性分析

5.2.1 作为中间组织的企业集团

长久以来，以企业的存在为假设前提和逻辑起点的新古典经济学派正统的微观理论是先假设企业的存在，再探讨企业的行为。至于企业存在的本质原因、企业内部组织结构、企业与市场的边界等取决于什么因素、企业组织的形式怎样发展变化等等，似乎都不是经济学研究的对象。它们把企业简单地视为一个方程，这一方程是由一个给定的技术水平定义的。企业的职能只是根据这个方程，将原料转为产品而已。因此，“企业和市场似乎都有名无实。在主流经济理论中企业曾经常被描述为一个黑箱，现在也是如此”[①]。

以科斯为代表的新制度经济学将企业视为可以替代市场的协调手段、企业组织的协调对市场协调的替代，而两者又按某种规律共处于同一体制之中，那么，市场经济体制实际上就是一种包含企业和市场两种协调方式的结合型体制。这是合乎逻辑的结论。现代企业理论认为，企业规模受到限制的根本原因在于交易成本。在科斯看来，市场交易成本是指“通过市场机制组织生产过程中发现相关价格的成本”，其中包括获得和处理市场信息的费用，收集有关价格分布、产品质量和劳动投入、寻找潜在的买者和卖者、了解他们的行为和所处的环境所花费的费用，这是交易准备阶段的费用；还有“市场上发生的每一笔交易的谈判和签约的费用”，其中包括讨价还价、订立合约、监督合约签订者，了解他们是否遵守合约条款，当合约签订者不承担他们的义务时，强制执行合约，并发现所造成的损失等等方面的费用，这主要是交易活动进行时所发生的费用；另外还有“利用价格机制也存在其他方面的成本”，这主要是指对未来的不确定性和风险预测困难等因素而引起的费用，以及人们的有限理性、机会主义行为和信息不对称而引起的交易成本。但是，在企业内部存在着另一种交易成本——组织成本，即企业中基于权威结构的内在官僚组织成本，包括企业决定生产什么、何时生产及如何生产的行政管理与决策成本，由于计划的不完美性造成企业资源实效配置的成本，以及企业内部的激励成本等等。所以，企业规模被界定在这样一个定点：企业规模扩张的边界取决于边际市场交易成本与边际管理协调费用的比较。

市场和企业不仅各有成本之短，还各有内在优点。企业和市场都是协调资源配置的方式，市场协调的优点在于能利用外部独立企业的规模经济、范围经济、核心能力，以及它们由于独立资产而产生的高强度的市场激励和约束，还可获得竞争投标的好处，保证交易的灵活性。组织协调的优点在于通过收买、合并等纵向一体化，将原来独立企业之间的交易内部化，就可利用命令、奖罚、晋升等方式实现快速协调，消除或

① 科斯. 论生产的制度结构［M］. 陈郁，译. 上海：上海三联书店，1994：353.

缓解原来独立企业之间存在的摩擦和短期行为，鼓励专用资产投资。但同时会带来组织内协调费用的增加，特别是当组织太大、协调不力时，会引起严重的效率损失。

市场和组织协调的上述利弊及其恰好互补的关系，要求建立市场与企业相互渗透的中介组织，将二者有机地结合起来。在交易成本和组织成本双重作用下，旨在节约高额的市场交易费用、获得大型企业的规模效益、同时避免大型组织的组织成本和市场交易的不确定风险的一系列介于企业组织与市场组织之间的经济组织形式就产生了，其中最主要的就是被称为“准一体化组织”的新型企业组织形式——企业集团。也就是说，企业集团既利用交叉持股、互派董事、长期交易、利益和风险共享、内部的协会等“准组织方式”来协调企业间关系，同时又在一定程度上采用市场交易方式，保留各个企业之间的独立性，使企业有高强度的利润激励和风险约束，能灵活适应市场变化，保持企业间关系的协调。

可以说，企业集团既是作为中间组织克服市场失灵和组织失灵的制度性办法，也是发挥市场与组织两者长处的创新形式。企业集团扬了市场与组织之长，又避了二者之短。不过，理论上，新制度经济学、产业组织理论以及各种现代企业理论从交易成本和组织成本出发说明关于市场与企业是组织交易的两种主要形式的理论观点，其重要贡献在于它们从纷繁复杂、扑朔迷离的现象世界中提炼出来经济组织制度的两级层次，为观察和理解企业集团这一经济组织提供了新的视角。但在现实中不难发现，企业集团经营失败的例子比比皆是，从韩国大企业集团到日本企业集团的危机再到中国企业集团的“成长不大实力不强”。初看起来，似乎企业集团不仅没有兼具市场和企业的长处，反而染上了“集而不团”、大组织病等一系列弊端。

这并不是现代企业理论出错，也不是企业集团本身无效，而在于企业理论只是给予了一个总体性分析框架。其针对具体对象结论的有效性仍然需要结合考察研究对象内在的特质机理和所处的制度环境。对企业集团这一创新组织形式应在企业理论的研究框架下，对企业集团内在诸多特质进行考察并放置于现实制度环境中，才能得出有效而且有力的结论。

5.2.2 企业集团组织形态、层次关系及联结纽带

企业集团是企业法人的集合体，但它绝不能成为松散的不稳定的联合体。完整的集团结构应包括集团公司（或称为总部）的组织体制、各类子公司（包括全资、控股、关联、其他参股子公司）的组织体制和母公司与子公司关系体制这三大体制。

因此，既要考察企业集团内总部、成员企业的组织结构（即企业集团内企业基本组织结构），又要探讨企业集团内总部与各企业的关系，在此基础上理顺企业集团的控制和管理体制。

1）复杂决策改进——企业集团内企业基本组织结构

按照O.威廉姆森的分类法，现代企业的组织结构可分为三大类：U型结构、M型结构和H型结构。现代企业先后采用过三种内部组织结构：第一种是控股公司结构（Holding Company），简称H型结构，是一种相对松散、扁平的组织形式，常出现在横向合并而形成的企业中。第二种是集中的、按职能划分部门结构（Unitary Structure），简称U型结构，这是一种上层集权式的结构。第三种是多分支单位结构（Multidivisional Structure），简称M型结构，即现在人们用得最多的事业部制。这种企业由若干个按产品或地区组建的事业部构成，而每个事业部内部又建立了自己的U型结构，因而M型组织实际上是U型组织的复合体。

一般研究文献多认为，组织机构的多少和组织规模的大小是组织结构的本质差异。如果从这种逻辑出发研究企业组织，容易肯定U型结构而否定M型结构。因为，前者比后者更简练。实际上，简练的组织未必都有效率。就像GE公司的效率和速度远较许多中小企业更好更快。本书认为，组织机构最本质的差异来自决策和分析的复杂程度。企业组织机构从传统企业到现代企业的进化过程中所表现出的企业内部组织和职能的不断分化，在很大程度上正是在促进决策的不断优化。从企业制度变迁轨迹来看，从始于制造过程中的工序分化（18世纪的工场手工业，专业化大生产的出现），中间经过所

有权与经营权的分离（19世纪后期的“经理革命”，U型组织的产生），到日常经营决策与战略决策的分离（20世纪中期的大型企业集团，M型组织的问世），历时200多年，无不是在为解决决策的复杂性而做着努力。

大企业与小企业经营的本质区别在于小企业经营的是具体的产品和项目，而大企业面对的是整个行业或市场。其决策复杂性之差异确实有着天壤之别。当企业成长为大型集团之后，其在经营上所面临的战略性选择大都是一些高度复杂的问题。对这些问题做出判断和抉择，需要更多地依靠专业的分析研究和科学的组织评审程序。因此，大企业里必须有专门的班子负责这种决策活动。而且，这种决策活动所需处理的信息无论在性质上还是数量上都已远远超出了少数领导人的个人能力所能驾驭的范围。大企业的高级决策者只有依靠一个完备的专家群才能胜任其职责。因此，组织结构变化的主要动因不是技术，而是大型企业中内部管理及决策的不断复杂化。O.威廉姆森指出，在U型公司中往往很难追溯各种事件之间的因果关系和责任界线；因而在规模不断扩大、需要重视下属机构间权责界线的企业里，U型结构就会被M型结构取代；这种转变更清晰地界定了组织的目标并节约了信息成本，从而使决策过程合理化，而且还能改善激励机制（Oliver E.Williamson，1985）。因此，从U型结构向M型结构的转变是企业组织适应企业大型化发展的必然结果。

母子公司制度是指将企业的某些业务独立出来组成一个具有法人地位的子公司。母子公司制严格来讲并不是一种企业内部的组织模式，只是后面所讲的企业集团内企业层次关系，但也与公司内部组织结构密切相关，如事业部可以很容易分拆成一个独立的子公司，子公司也可以合并到母公司中去。在实际中，企业的组织结构多少具有混合色彩。由于业务结构和经营地域的不断扩张，单纯的事业部制也不能适应要求，所以在某些业务领域和某些地域以子公司的形式存在也是很普遍的。所以，大型企业发展成为联体企业群，即企业集团，并且在组织结构上基本上是母子公司制和事业部制甚至直线职能制的混合结构。

混合结构有两种。一种是母公司设立事业部，所有业务都归事业部经营，事业部的全部或某些业务可以根据需要以子公司的形式存在。这样，母公司的最高管理层并不需要直接管理子公司，只需要管理、协调和考核事业部。混合结构的另一种类型是一部分业务以母公司事业部或者直线职能管理单元的形式存在，而另一部分业务以具有法人地位的子公司的形式存在。母公司一般全资拥有子公司或者对子公司进行绝对或相对控股。也就是说，母公司以事业部或者直线职能单元的形式直接经营一部分业务，同时以子公司的形式经营一些业务，这实际上是一种混合控股公司模式。

2）基于企业群的壮大——企业集团层次关系及边界变化

这里需要说明的是，前面的组织结构论述还只是基于企业形式的组织结构，也就是对于集团总部公司和各成员企业，无论其“多单位企业”多大，有多少分公司，其本质上依然还只是一种单体企业，如同一艘“大船”，因为它只具有一个企业法人的资格。而且随着组织成本提高，企业不可能永无止境地扩张下去，“大船”的扩张是有极限的。而基于控股组织的母子公司体制企业集团却可以无限制地扩大下去，如同一支“舰队”。

其原因在于企业集团边界的有效范围从企业单体组织（即总公司或母公司）以内的边界范围扩大到了企业集团组织的如下四种边界范围（王凤彬，2003）：

（1）集团核心层，即“集团公司”法律边界范围内的部分，此为“母公司的内边界”范围。

（2）集团核心企业（集团公司），即被作为其联合核算对象的集团紧密层企业。此为“母公司的外边界”范围。

（3）集团公司及其通过股权持有关系联结的所有紧密层和半紧密层企业。此为“企业集团的内边界”范围。

（4）集团公司、所有通过股权持有关系联结的紧密层和半紧密层企业以及通过长期契约关系发挥影响力的集团协作层或松散层企业。此为“企业集团的外边界”范围。

企业集团本身并不具有资本积累的机构，资本是靠各企业自行积累的。如果仅在企业集团内，边界范围的规模有一个相对有效的界限，过大或过小都不可能符合规模经济的合理要求。但由于外边界的存在，不同于大公司的分公司，企业集团的外围成员企业可以比较自由地进入或退出某个企业集团，有时甚至一个企业可以同时参加两个不同的企业集团。

可以看出，企业集团的一个显著特征便形成了：作为一种企业组织，其边界具有不确定性。企业集团与市场的边界处在一种经常变动的状态之中，或者说，企业集团与市场的界线变得模糊了。因而，企业集团的影响力、控制力远非某个单体企业所能及。

前面所谈及的母子公司体制就是这种企业集团企业层次关系的缩影。母子公司制的优点是子公司的决策权与决策责任相对应，独立承担民事责任和经营风险，市场反应快。缺点是管理控制同公司治理之间的具有一定程度的冲突，母公司对子公司的管理控制一般需要通过公司治理来实现，而公司治理与管理控制有着完全不同的机制和程序，公司治理对母子公司之间的交易和管理服务关系也有许多限制。同时，子公司可能会与母公司开展业务竞争而难以协调。如果子公司或者母、子公司都是上市公司，情况会更复杂一些。

全资、控股企业为集团公司的子公司，全资子公司即集团公司100%持股，是集团公司经营的延伸，是集团公司从事具体经营活动的部门；控股子公司即集团公司50%以上持股，是集团经营的主要承担者，体现集团的主要产业方向，与全资子公司一起承担集团主营业务；集团公司持股20%（含20%）至50%（可含50%）的企业为关联企业，是集团对多元化经营的探索形式，主要体现集团涉及的产业、部门和多元经营的思路，并在以后待该产业、行业成熟，逐渐转化为公司的主要业务；集团公司持股20%以下的企业为参股企业，是集团的松散型企业群体，主要体现集团的对外联络，并且同关联企业一起组成集团的多元经营产业。集团公司根据企业的不同类型和对该企业所持股权（或股份）的大小决定对该企业的管理方式，也决定了该企业本身的运作规则。

如果综合来看，集团核心层应包括以母公司为主的分公司、全资子公司和部分控股子公司。集团紧密层和半紧密层应是部分控股子公司、关联企业和部分参股企业。集团松散层则是部分参股企业，或者和集团有着契约关系或与集团紧密层和半紧密层有着股权关系的协作性企业。

补充说明，所谓分公司是与子公司完全不同的概念，不应混淆。分公司只是公司的一部分，不具备独立的法人地位，而子公司则是具备独立的完整的法人地位的企业。

3）企业间的黏合剂——企业集团内的联结纽带

（1）股权结构下的协调

以股权作为集团内各企业之间的联结方法是保持集体内部关系比较持久和稳定的一种有效的制度安排。这种制度主要在集团公司、子公司、关联公司之间贯彻执行。以股权联结的企业集团，其形成乃是通过集团公司（母公司）占有集团成员企业（子公司）的股权而实现。通过拥有一定比例以上的股份，能够获得多数股东表决权，就可取得控制地位，从而形成母子公司关系。而且，母公司同时支配着若干子公司，子公司又同时支配着若干孙公司，当这种支配关系得到稳定性的发展并表现出统一的管理和协调一致的整体性活动时，它就形成了以母公司为核心，同时又控制着许多子公司甚至孙公司的企业集团。这种控制权的存在不是基于某项法律的直接规定，也不是各企业之间的某项契约或协议而取得的，而是通过母公司作为大股东行使其股权，进而控制子公司董事会，子公司作为孙公司的大股东也行使其股权，进而控制孙公司董事会的途径来实现的。正由于可以通过股权式联结而建立经济关系，所以实力雄厚的大企业就可通过股权的方式组建企业集团，或把某个企业纳入到集团中来，并能与集团公司保持稳定的经济关系。在这种命运共同体式的组织中，企业之间就容易采取协作的态度建设经济关系。此时，持有股票这件事就成了影响被持股企业协作动机的因素。

通过股权结构确立的企业与企业之间，具有一定科层制性质（控股关系），又具有一定市场交易性质（独立企业）的企业集团。通过一定的组织协调，较好地克服了企业间市场交易费用，也节约了组织成本。这种结果的安排是基于充分发挥科层和市场的优点和充分体现效率的考虑。科斯认为，企业拥有的产权使它不足以充分行使科层权威的观点是不充分的。作为控股公司来说，它有能力通过一系列的产权调整和契约安排取得企业运行必需的各种生产资源的使用权，从而充分行使一定程度的行政权威。调整产权的依据归根到底是生产成本和交易成本节约，这符合科斯的一贯思想。在多数情况下，企业引入市场机制的动因是，企业当局认为，引入市场机制比直接行使指挥权有更高的效率。控股公司向子公司或事业部下放权力，显然是因为放权有利于提高公司效率，而不是因为手中缺乏统一指挥的必要权力。集团组织内部既有科层、又有市场的组织形式，是组织经济的客观规律为自由开辟的道路。只要它在某些交易领域有比非此即彼的结构类型更高的节约效应和更高的效率，那么它的存续和发展就有了必然的保证。经济过程自然倾向于选择更经济的组织形式。

（2）契约组带下的协调

与股权结构并列的是契约结构。契约形式的企业之间组成集团是基于企业之间有长期性交易关系，因此，契约关系的性质主要体现在集团的核心企业与外围协作企业的关系上。

短期的一次性交易中，各企业会仅仅着眼于自己的眼前利益而行动。各企业追求自己利益的最大化并不必然导致各企业的共同利益最大化，所谓“个体理性导致集体非理性”即是如此。如果交易关系是长期的话，各个企业很容易产生协调关系。博弈论的“针锋相对”就是一种均衡。对有专用性投资的企业来说，它们之间就是这样一种长期交易关系博弈。当一个企业对另外的企业进行了专用投资，如果采取协作态度，长期交易的利益就会大于背叛，此时，企业就采取合作。不仅如此，合作的收益还包括信息的共享。在长期交易中，积累的信息不仅可以节约企业搜寻信息的费用，而且还能防止道德公害。

但是，长期交易的持续维持时间取决于有无其他利益上的诱因。前面已指出，长期交易中的协作关系是因为存在重大的利益损失风险。但是，如果断绝了与交易对方保持的交易关系，仍能与其他经济主体结成新的交易关系，该企业就会无视因背叛而造成的损失。防止这种行为的有效规则就是建立契约关系。通过建立契约关系，并规定相应的惩罚措施，就能有效地防止背叛。只有当背叛的成本大于背叛后的收益，这种契约的有效性才能上升。

通过契约关系性质维持的企业联合，其稳定性明显不如资本投资性质的企业集团。因为这种通过契约联结成的企业集团所体现的是一种经济伙伴关系，按照法律规定，契约和协议可以依法签订，也可以在某种条件下依法加以解除。所以相比之下，它的凝聚力和稳定性就差得多。但也不能由此而否定契约关系联结纽带的作用。在同一企业集团内部，往往总是既有股权纽带，也有契约协调，它们互相交叉、互为补充，可以取得相映生辉的效果。所以，可以说股权和契约构成了企业集团二元的联结纽带。

5.2.3 企业集团治理

原有公司治理理论实际上建立在单体企业基础上，大多基于分权与制衡而停留在公司治理结构的层面上，较多地注重对公司股东大会、董事会、监事会和高层经营者之间制衡关系的研究。实质上这是“企业治理”的研究框架。

然而企业治理理论在解决企业集团治理问题时，则表现出其巨大的局限性。企业集团的复杂性，使得集团治理研究的内容不仅仅是集团内单个企业的法人治理或单个企业内的权力配置问题，同时也必须研究企业集团中各企业间的利益平衡问题，如：母公司如何对子公司进行控制，如何保护子公司及其责权人的利益，关联公司间如何进行协作等，甚至还要涉及集团与外部利益相关者的平衡。所以，对企业集团治理的研究必须跨越单个企业的治理边界，实现从“企业”治理到“集团”治理。

本书认为，企业集团治理至少应涉及三个层面的结构和机制，如图5-1所示，包括：集团公司（总部层面）治理结构及机制、集团内母子公司间治理结构及机制、集团内企业各自的治理结构及机制。

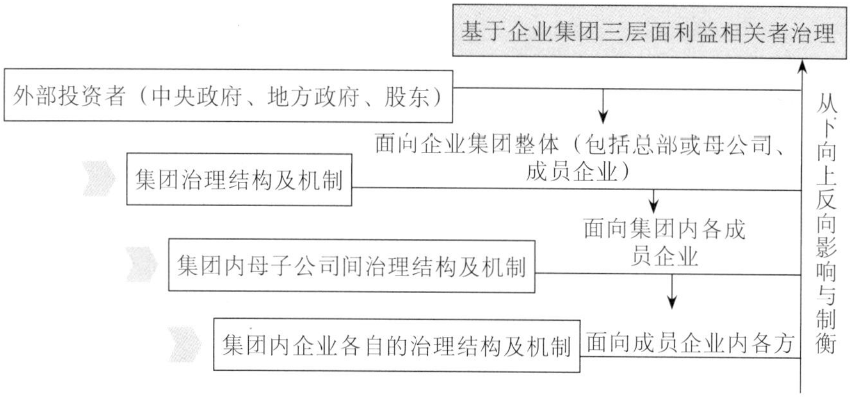

图5-1 不同于企业治理的企业集团三层面治理构想

资料来源：作者整理。

第一层面治理，即宏观上看，集团治理结构及机制应包括规范和设计集团公司与集团外部投资者（包括国家、非成员企业、个人）之间的约束和激励机制，处理投资者和受资者之间的产权界定和利益分配关系，这一层次受国家相关法律和制度的约束，具有强制性。

第二层面治理，即中观上看，集团内母子公司间治理结构及机制是指以投资控股或参股形成的企业集团从产权上形成了母公司与子公司或孙公司间的投资与被投资的关系，造成集团内部投资者与受资者划分的相对性，即一个经济组织相对于某个经济组织可能是投资者，而相对于另一个组织则可能是受资者，从而形成委托人和代理人角色的更替性质和投资者与经营者产权分配关系以及控制机制的层级性。但由于集团内部以资本为联结纽带所构成的投资链最上端或终极投资者是集团公司，其依据产权关系可能统一行使出资者所有权职能，统一集团资源配置和结构调整，统一负责资本保值增值，因而统一规范和处理集团内部集团公司与其他企业之间产权的划分和利益的均衡。

第三层面治理，即微观上看，集团内企业各自的治理结构及机制就是“企业治理”。主要是关注在企业内建立完善的治理结构，使股东大会、董事会和监事会共同发挥作用，有效地解决代理问题，降低代理风险和成本。从最一般的意义上看，现代公司治理结构是一种基于效率原则的，关于企业组织内（外）部各要素贡献者（企业的参与者）之间的责任、权力、风险与利益相互匹配的制度安排。

企业集团治理的复杂性就体现为这些不同层面的治理问题相互交错、相互影响，使企业集团的治理更加艰难。如果用系统的观点看，每个层面的治理结构机制都是一个子系统，“企业集团治理”整体上就是一个更大的系统。各子系统之间以及与上一级系统间都不是简单的线性关系，因此对待企业集团的治理必须从更广泛的系统观点来考察和改进。

5.2.4 企业集团总部价值

如前所述，企业集团本身并不是具有资本积累的机构，资本是靠各企业自行积累的。如果企业集团的价值仅是集团内各企业价值的总和，那么各企业就没有联合的必要了。实际上，要使企业集团发挥“1+1>2”的作用，要在“集团治理”中起到核心作用的关键，就不能不谈企业集团的这个至关重要的“中枢”——总部的价值。

与传统企业相比，现代大型企业集团的一个突出标志是具有一个完善而高效的公司总部。公司总部的基本职能有两点：在集团内合理地配置资源（战略决策）和评价、监督成员企业的经营者（激励）。总部一般采用职能部制结构。在某种意义上可以说，公司总部的专业化程度和健全程度是一个企业的组织发展程度的指示器。用M型结构、H型结构取代U型结构的关键不在于将一个采用职能部制结构的企业分解为几个半独立的事业部分公司或子公司。要使企业集团组织充分发挥效力，必须建立一个由若干大权在握的高级主管及大批参谋和助手构成的公司总部。这种总部的基本职责是监督各事业部的经营业绩、在企业内部分配资源、制订集团的战略计划。

具体来说，集团总部的主要职能应有以下五个方面：

（1）战略设计。即确定整个集团持有一个什么样的业务组合，就某一领域的进入和退出时机提出建议，并发掘和建立带来“协同效应”的经营方式。

（2）资源配置。资源配置包括确定组织架构和内部交易两个方面，目的是建立恰当的组织和配置人力资源实施战略，通过内部交易（比如转移定价、合理避税、内部贷款或担保）来扶植某些需要快速成长的业务。

（3）资本经营。单一业务的公司一般直接关注产品市场，以保证自己的经常性收入。企业集团也要关注自己的产品市场，但更应当关注资本市场，通过资本市场的运作来获得资本性收入。

（4）业绩管理。监控集团整体业务状态和财务状况，考核子公司经营计划的执行情况，决定薪酬政策。

（5）外部公关。集团总部应对集团的品牌和声誉负责，与新闻媒体、中介机构、政府管理和监管部门、股东和债权人、客户群和供应商、所在社区保持良好的关系。

集团总部正是通过履行这些职能来创造价值的。当然，由于M型结构、H型结构等组织模式的不同，集团总部各项职能的侧重也会有所变化。

以上分析说明集团总部的重要性是毋庸置疑的。但这只是完善集团体制下的理想制度安排。现实中总是存在一定制度的路径依赖，即组建企业集团从一开始就建立正式集团总部很难实现。但类似于总部的替代方式却很多。有的企业集团以核心企业或母公司作为总部，有的企业集团以二级经营机构负责人组成的议事机构充当集团总部的战略决策班子，还有的企业集团以核心企业和核心企业背后的政府作为总部的替代。因此总部常常和集团公司、母公司、领导班子等放在一起而被提及。现实中讨论集团总部就应放在具体制度环境中，结合前面治理问题探讨总部的效率及价值创造。

5.2.5 企业集团管理机制

当集团规模与多角化经营范围不断扩大后，集团对各子公司及其相互间的沟通与互动日趋复杂，因而会产生交易成本、代理成本和控制幅度三大管理问题。而企业集团的控制管理机制应能最大限度地降低这些管理成本。

企业集团的控制管理机制既是治理问题，也是管理问题。管理是企业集团控制机制的另一个重要的构成部分，企业集团的治理可以解决到哪儿去，而企业集团的管理是决定怎样到那儿去。企业集团内部存在统一管理问题，如果说集团的治理被看作与集团的内在性质、目的和整体形象有关，与集团的重要性、持久性和受托责任等内容有关，与集团的战略方向、社会经济和文化背景、外部性和组成要素的监督有关，那么，企业集团的内部管理则更多地与采取监督有关，包括采取明智的手段完成某些目标。控制管理机制在很大程度上是一个如何处理集权与分权的关系，在下一层级的权力、利益和责任之间找到一个平衡点，使下一层级单元既能够快速反应、自主创新，同时又能符合公司的总体目标和不损害公司的整体利益。

国内许多学者按不同的标准归纳了各种现实中的企业集团管理体制模式，主要分为三种类型（覃斌，2002）：①集中型。集中型的控制机制是指企业集团成员的各种决策权均集中在集团公司，各子公司必须严格按照集团公司的决议来执行，母公司则不但参与决策和执行决策，在特定情况下还直接参与子公司的执行过程。②分散型。分散控制意味着母公司没有集中决策和统一规划，仅在重大事项上给予子公司必要的业务指导。子公司有着充分的经营自主权。③相融型。集团公司与各子公司在经营管理权限上适当分割，它们往往按公司章程的规定和重要性原则来划分各种决策的范围。相融型的控制机制是一种折中的模式，可以用混合经济体制的概念来理解。

还有的学者将控制管理的方式分为官僚式控制（Bearoucratic Control）、市场式控制（Market Control）和团队式控制（Clan Control）三大类型（张文魁，2003）。所谓官僚式控制是指管理控制是以企业内部的科层制为基础，下级按照上级的计划和命令行事，从事实现整个企业的管理控制。市场式控制实际上是同组织结构的调整结合在一起，组织结构中更多地引入自主权更大、独立性更强的事业部和子公司，相对独立的事业部之间以及母子公司之间通过市场交易（或模拟市场交易）和价格、财务核算的方式实现控制。在市场式控制中，利润是控制的基础，业务单元被视为利润中心，只要利润指标符合要求，上一层级基本上不对下一层级进行过多的指挥和约束。所谓团队式控制更多地与企业文化有关。企业高层希望不是通过上一层级的指示命令、也不是通过单纯的利润指标来约束下一层级的行为，而是将企业当作一个充满合作精神的团队，通过对下一层级的充分授权和调动下一层级的主观能动性，通过其自我约束和文化的力量来控制公司的行为。

如果对上述控制管理机制加以分析，不难发现，控制管理机制实质上都是介于集权和分权程度大小而做的分类。集中型就是官僚式控制，分散型即市场式控制，相融型类似于团队式控制。其中都各有利弊，很难说孰优孰劣，必须将其放在企业集团整体制度框架下探讨。控制管理机制的设计是个复杂问题，它涉及企业集团的整体利益和经营积极性，其中最为现实的两个基本问题是：一是由谁进行决策；二是如何在母、子企业之间分配决策权，也就是关于母公司如何控制，子公司如何搞活的集权与分权问题。控制管理机制的选择属于制衡的有效设计范畴，在这一机制的制度安排上，关键的问题不在于是否分权给经营者，而在于多大程度上分权，以及如何在管理创新、自由与责任之间寻找均衡。

5.2.6 企业集团管理模式

通过前面对企业集团组织形态、层次关系、联结纽带、集团治理、总部价值以及控制管理机制的探讨，可以看出企业集团与一般企业在许多方面都存在差异性。但是综合已有的研究文献来看，大多数学者仅对企业集团的一方面或某几方面进行单一式重点强调，这种研究一定程度上可以加深对研究对象某一方面的理解，但同时也将伴随缺乏对事物的整体性思考。例如，有的学者强调集团总部的先进性，使得一些企业集团临时建立了由二级经营机构负责人组成的议事机构来充当集团总部的战略决策班子，由于内在企业基本组织结构、集团控制管理、业绩评估机制等较为滞后，结果这种看似减少了组织层次的制度改进的集团总部实际上只是一个二级机构负责人的联席会议，集团的战略决策活动变成了各下属机构和部门领导人之间争夺资源或权力的过程。在需要总部就集团所面临的战略性问题作决策时，这种“联席会议”的成员容易从自己所管单位的角度出发考虑问题。这种协商更容易成为一种平衡各方利益的政治性过程，它所关注的往往是局部利益间的调合和妥协，而不是整体利益的战略优化，这样的企业实际上很难有真正的战略决策。再比如，一些学者过分强调了企业集团的股权资产联系，片面追求规模扩大、范围经济、一体化和组织协调，甚至越俎代庖，忽视集团内企业的独立性和市场激励。导致成员企业的独立性大大降低，合作依赖思想过重，缺少了竞争意识。这样的企业集团就会变成一个大企业甚至是高度集权的行政组织，而非企业联合体，从而丧失混合组织中市场协调的优势，甚至还有可能演化成行政官僚式组织。诸如此类问题，在企业集团这个复杂系统运行中屡见不鲜。

企业集团模式是作为整体现象出现的，单一片面角度的认识和理论研究在真正指导企业集团实践上无疑具有相当大的局限性。因此，应对企业集团这一模式进行整体性思考，也就是应该结合集团发展路径、规模状况以及原有基础等对企业集团各内在因素、各子系统的匹配性有所反思。下面将举例分析企业集团模式中各方面的匹配性。

例：业务关联、企业层次、组织结构与管理控制等方面的匹配性。

企业集团管理是一种跨企业的管理机制，其组织形态有完全集权的“U型组织”、集权与分权共治的“M型组织”和完全分权的“H型组织”。其中“U型组织”适用于业务密切相关的企业集团，因此，将所有的功能管理部门与主要决策权全部集中于总部，各子公司只拥有作业性的决策权。“M型组织”适用于部分业务有所关联的企业集团，总部主要负责监督与协调子公司内外业务，目的是增进集团的共同利益。“H型组织”则类似控股型公司，适用于集团内子公司间业务关联性很低的企业集团，因此总部仅负责监督与评估各子公司的经营绩效（主要是利润目标），并不干涉子公司的内外部业务，见表5-1：

表5-1　**企业集团模式整体的匹配性思考举例**

	业务关联性		
内在基本组织结构	U 型组织	M 型组织	H 型组织
企业集团层次	核心层	紧密层与半紧密层	松散层
关系联结方式	核心企业层（直属与全资公司）	控股、部分参股企业层	参股企业层
管理控制及授权情形	高	中	低
	集权	共治	分权

资料来源：作者整理。

5.3 企业集团的价值创造

上述分析基本上从整体角度明晰了企业集团模式的独特性。如果形象一点，将大企业模式与企业集团模式比较，前者可称为“大船”模式，后者则可称为“舰队”模式。“大船”模式是以不断扩大单个企业规模的形式实现自身的发展与扩张，即使是对外兼并，也是采取合并的方式将兼并对象并入自己的企业内，也就是将这条企业“大船”造得越来越大。而“舰队”模式，即走的是集团化的道路，指的是在企业集团发展过程中，不仅注重“舰队”中每条“船”的规模，也注重“舰队”整体的实力。

实践中两种形式是并存的，这表明每种形式都有其存在的合理性，要问哪一种形式更好，是难以给出一个明确答案的。前面所作的分析多立足于结构性解释或者静态分析，虽然各个方面均有所涉及，但似乎太过杂乱，缺少一条主线将企业集团与大企业明显区别开来。那么相对于“大船”模式，企业集团的优点，即它的比较优势在哪里？这条主线是什么？如果总体来看，应该是基于价值创造这一主线的协同效应大小。系统论认为，作为一个整体性的系统，其功能不同于系统各要素功能的简单相加，而是要大于各个部分功能的总和，即一个企业进入集团后给整个企业集团带来的价值，将超过前两者独立时的价值之和，这就是所谓的“2+2>5”。协同则是通过各方的资源共享、能力和知识的转移来创造价值，也就是依赖对各方的调整和合作实现新增价值。分析协同效应背后的价值创造的原因，可以发现企业集团的比较优势集中表现在四个方面：

一是基于优势互补的范围经济——资本经营协同。范围经济的核心或者形成范围经济的必要条件是企业所经营的诸项事业之间存在着某种联结性，即需要共同利用某些资源，根据大企业集团的经验，采用中间组织结构。当相关企业中的某一项需求萎缩，这种结构还可以有效地转嫁风险，故能够一定程度上适应经济的变动。大企业的兼并可能使被兼并企业法人地位丧失的同时使其独立性和内在竞争动力消失殆尽。企业集团内可使不同企业相对独立，将其优势融合在一起，发挥原有企业在技术、市场、专利、产品管理、企业文化等方面的特长，从而提高企业运营效率，减少了企业成本。

二是基于快速扩张的规模经济——生产经营协同。企业集团经济效率首要的表现就是规模经济。规模经济理论是大量生产方式的基本理论依据。通过大量生产不仅能够获得生产领域里的规模经济，还能享受大量交易的规模经济。当一个单独的大企业规模已经达到经济上不合理的程度时，相同规模的企业集团却仍然能够满足低于市场交易成本的要求。当然，集团成员企业之间的协调也是有成本的，但一般情况下，这一成本较之企业内部的协调费用要低得多。

三是基于信赖关系作用的契约网络——契约协同。在契约网络中参与者的关系建立在长期利益和相互依赖的基础之上。长期交易的好处为建立良好的信誉提供了动力，而良好的信誉一旦树立，又可为长期交易的实现提供保证，二者互为因果，形成正反馈。与一般企业相比，集团内企业从树立良好信誉中得到的好处和因背信而受到的惩罚都很明显，因而更注重信誉的作用。企业集团也有一种特有的方式来建立和维护信赖关系，建立内部的人事、资本、信息网络及必要的组织，使管理人员接受企业内外各方面的评价和监督，缩小隐藏行动的空间，放大坏名声的影响等。

四是基于分权动力的速度经济——管理协同。企业的经济效率不仅来自资源转换的数量，还来自资源转换的时间。由于企业集团特殊的组织结构，每一个成员都是独立的法人企业，拥有很大的经营自主权，可以在一定范围内根据市场变化，及时调整经营策略，易于捕捉稍纵即逝的市场机会。而大企业内部的下属单位和部门，其权力十分有限，当发现一个好的市场机会时，需要层层上报，这种决策时间上的延缓会丧失掉许多机会。况且对于最高层的决策者来讲，不可能洞悉每个细分市场的具体情况，对决策方案的好坏难以做出准确的判断，很难使每项决策都符合实际情况。

企业集团在上面四方面的优势不是绝对的，而只是一种可能性。它并不意味着只要采取企业集团的组织形式，就必然会带来上述好处，关键在于如何运用这种协同作用。成功的企业集团不能证明企业集团好，失败的企业集团也不能证明企业集团不好。作为一种企业组织形式，它给人们带来的应是一种可行的选择。

综上所述，可以说，白蚁和大象的规模都是有效率的，因它们各有自己的特定结构。企业集团的本质特征不仅仅是规模大，它还要求在其内部各组成部分之间形成业务互补性和运营整合性——协同效应。

6 企业集团总部功能

6.1 总部功能定位

从功能决定结构的角度来讲，总部这一特殊结构的存在体现着企业集团协同效应的功能要求。什么是总部？很多文献中这一概念并不清晰，法约尔将总部等同于总经理手下的执行机构即办公室，有的文献认为总部就是母公司。本书将总部界定为涵盖最高管理层、总办公室和最高参谋机构在内的企业核心。

在国外，企业集团的集团总部与其独立经营单位之间价值创造活动的关系一直是一个令人深思的问题。美国的钱德勒对大型工商企业的总部最早开展了开创性的研究，他通过大量的案例分析论证了大型工商企业的多元化经营战略怎样决定了它们都要从U型和H型向M型多事业部组织结构的发展规律。钱德勒认为，“管理决策一般可分为两种：一种是战略决策——它针对现有资源的长期配置和新资源的开发，以保证公司未来可以持续健康地发展。另一种是战术决策——它更多的是保证已经配置完成的现有资源得到高效率而且稳定的利用”。在这一发展过程中，通过组织结构的调整，总部对战略决策的把握得到不断深化。他还另撰文进一步指出，大公司总部两项互相紧密关联的功能：一个是“企业家的或价值创造的”功能，另一个是“行政性的或防止亏损的”功能。而威廉姆森则从降低交易成本、防止机会主义的经济学理论出发，系统阐释了管理者所做出的治理机制决策是在最大节约原则下进行组织设计模式理性的比较和选择的结果。因此，M型较之于U型和H型的长处在于，“它既能在有限理性的范围内节省了成本，又能弱化机会主义倾向”“战略决策权还留在总办公室手中，减少了资源配置过程中的派系之争……更有效地控制经营部门”。钱德勒和威廉姆森对大型企业组织的论述一直是总部功能研究的经典文献。

然而，从钱德勒和威廉姆森的论述来看，虽然二人的研究方法不尽相同，但其对总部功能的研究逻辑是一致的，都是站在与M型、U型和H型三者比较的基础上进行的实践或理论的演绎推理，都把总部看成是结构追随战略调整的产物。从现实来看，组织结构正在向趋同性和差异性两极趋势发展。就西方企业集团而言，一方面都在逐渐变成一种集M型、U型和H型于一身的混合结构；另一方面，这些混合结构越来越复杂，其边界更加模糊。在此背景下，单纯比较M型、U型和H型就显得力度不够了，需要对总部功能有更深层次的分析。

与钱德勒和威廉姆森不同，本书认为总部具有主动性，它自身就有一种对环境、战略及结构的互动调整功能，也就是总部存在着一种基础能力，这是其他结构所不能比拟的，这种基础能力就是总部的价值。企业集团在整个价值创造过程中并非要求总部直接参与具体经营，在很多情况下，这反而会分散集团的资源和精力，进而破坏价值。

集团总部不同于具有法人地位的纯控股公司，它是一种非法人机构，这种非法人的基础能力体现在两个主要机制上，一种是分离化机制，另一种是整合化机制。分离化机制体现于总部对集团内分工和专业化的把握，包括：①通过考察潜在相关可能性，明晰成员企业在整个集团中的定位。值得注意的一点是，集团总部所考虑的相关性与一般“行业”或“部门”分类的结果并不相同，它不仅包含纵向一体化这种“传统”的相关性，还包括管理技能相关性、客户偏好相关性、市场支配相关性等。②通过界定集团战略性管理的层次，借助各种联结纽带将成员企业置于不同层级结构中。对影响企业集团的稳定性和凝聚力的成员企业用股权纽带联结于核心层或紧密层，对只起配套和协作作用的企业用契约纽带联结于半紧密层或松散层上。③通过功能和职能的分化，识别成员企业互补和竞争能力，赋予不同的管理权限，在加强协同基础上保持其自身的创新能力。集团管理涉及很多功能，如战略规划、日常职能管理（包括财务、研发、专业服务等职能）、运营管理、产权管理等，总部要能够分化功能，分为高级功能和基础功能，而总部会进一步控制这些高级功能。如日常职能管理中的财务职能，总部将其细分为预算、会计、业绩评价等多项内容，总部可以掌控其中的预算、业绩评价等，而将会计等基础工作下放。

企业组织的效率是通过组织的结构化、稳定化来实现的，总部通过分离化机制提高了企业集团的效率。但这只是一种短期效率。稳定的组织结构常常产生稳定的利益集团（Mancur Olson，1982）。这种利益集团建立起“分配利益”的统一战线和复杂程序会减慢技术进步，降低集团长期适应能力。因此，总部必须建立一套有效的整合化机制，包括：①集团治理模式的建立。集团治理与一般意义上的公司治理不同，总经理被总部这一机构所替代，总经理下的各种业务被各种子分公司所替代，就其内部来说，已经涵盖了股东对总部的治理、总部对子公司的治理和子公司治理等更复杂的内容。集团治理的控制模式有效建立才能一定程度上将成员企业的利益整合为集团整体的利益。②划分职能与结构调整。职能的细化整合和结构的调整主要基于决策和分析的复杂程度，各种U型、H型、M型及混合型结构调整也是为了更清晰地追溯各种事件的因果关系和责任界线。总部可以通过有效整合将大象式的庞大集团发展成像白蚁一样灵活机动。③文化纽带在集团中往往比显性的产权、契约纽带更有效，而文化纽带建立和发挥作用的前提就是总部能很好地整合各成员企业内部文化，并使之融会贯通。

总体来说，短期效率和长期适应的矛盾是很多组织形式难以解决的困境。正是总部的分离化机制和整合化机制双向作用使得企业集团在解决短期效率与长期适应的矛盾上比其他组织形式更有空间。总部的分离化机制着重于短期效率的改进，而整合化机制体现的是长期适应的持续。分离化机制和整合化机制就是总部最独特的基础能力。企业集团正是这两种机制互动作用下以总部对低层次组织分离、选择、整合、淘汰为代价得到了深远发展。

当然，集团总部的存在也是需要成本的，集团总部的设计也要尽可能使总部创造的价值大于它本身增加的管理成本，它也占用协同效应的一部分价值。承接前面的协同效应的表达，总部价值 = 协同效应 - 总部成本 = $(\Delta\pi_A'+\Delta\pi_B') - (\Delta\pi_A+\Delta\pi_B) - TC$（总部）。可以看出，总部既能创造价值，也能破坏价值。如果总部不善于利用分离化和整合化的这种基础能力，它就会破坏集团的协同价值。其破坏价值主要来自两方面：一方面破坏了成员企业的价值创造，进而破坏整体价值，即 $\Delta\pi'<\Delta\pi$，甚至 $\Delta\pi'<0$；另一方面是总部效率太低、臃肿庞大，造成总部成本过大，侵蚀了整体的协同价值，如 TC（总部）$>(\Delta\pi_A'+\Delta\pi_B')$，这时总部就没有存在的必要了。

6.2 总部制度安排

如前所述，总部自身的建设也非常重要。它要通过总部成本和影响成员企业价值创造来体现总部价值进而影响集团整体协同效应的实现。法约尔将之命名为总管理处，他认为总管理处“是一个执行权力机构，负责尽可能好地利用企业所拥有的人力物力来领导企业达到预定的目标”，而且“不论什么情况，总管理处都要依靠一个参谋部”，针对如何安排总管理处的领导时，法约尔提出一元化领导比多元化领导更有利于统一指挥，但同时也容易太依赖个人作用。不难看出，法约尔对总部很早就有着深刻的理解和精辟的远见。但是也应当看到，法约尔的总部论述毕竟是19世纪末20世纪初的事情，现实的总部从结构到职能都发生了很大变化，而且制造业背景的法约尔所讨论的总管理处立足于工业企业，只是一个执行权力机构，类似于现在的行政办公室，其出发点是基于单体企业，没有思考总部在企业集团这种组织形式中的制度安排。

现在的集团总部已经非常复杂，虽然总部一般采用职能部制的结构形式，但不能依据这一点来判断总部就是职能中心。与以前的办公室相比，现代企业集团的总部不应再是一个简单的执行总经理命令的日常执行机构，而应该是致力于提高集团决策科学和改进战略性选择的核心。在某种意义上可以说，总部的专业化程度和健全完善程度已经成为一个企业集团发展阶段的指示器，更是集团协同效应发挥的“中枢”。总部建设主要从两方面入手：

一是构建总部定位。无论从纵向集团演进还是横向的发展现状，目前总部主要有四种角色定位：职能管理中心、运营管理中心、战略管理中心、纯控股管理中心。如果将总部的所有功能包括如下：战略规划、日常职能管理（包括财务、研发、专业服务等职能）、运营管理（主要包括生产、营销等）、产权管理或资本经营、协调管理、文化整合、绩效管理等，那么四种总部定位的功能是逐渐减少的，而且功能定位越来越针对成员企业，而不能针对成员企业下具体的业务。

需要说明的是，本书认为，总部的功能管理不同于职能管理，功能管理所涵盖的范围要更广，层次更高。同时，确定总部功能主要依据以下因素而定：①成员企业间相互关联及对总部的依赖程度；②成员企业决策所承担的风险程度；③集团整体的稳定程度；④总部—成员企业关系的演化。如表6-1所示，很难说总部的四种定位孰优孰劣，每种定位在世界五百强企业中都有体现，只能综合上面的影响因素具体而定。而且，集团内成员企业多层次的出现，如半紧密层和松散层，使得总部定位呈现融合趋势，尤其很难将控股管理与前面三种定位绝对分开，大部分集团总部兼具第四种定位与前三种定位中的一种。

表6-1 **集团总部定位及其权变因素**

总部定位	职能管理中心	运营管理中心	战略管理中心	纯控股管理中心
涵盖主要功能侧重	包含所有功能和职能的管理	包含大部分功能，大部分日常职能发生分化	包含大部分功能，运营管理功能和大部分日常职能都发生分化	不包含大部分功能，只保留基本的产权和绩效管理功能
成员企业间相互关联程度	多元化少，企业间关联性非常强	相关多元化，企业间关联性较强	既有相关多元化，又有不相关业务，企业关联性较强	多元化业务无限相关性，企业间关联性弱
成员企业决策对总部的风险影响程度	附属企业决策对总部的风险影响程度高	企业决策对总部的风险影响程度较高	企业决策对总部的风险影响程度较低	企业决策对总部的风险影响程度低
集团整体的稳定程度	购并、重组发生少，集团整体稳定	购并、重组发生较少，集团整体比较稳定	购并、重组发生较多，集团成员有时变动	购并、重组发生频繁，集团成员经常变动，整体不稳定
总部—成员企业关系的演化	成员企业不能独立生存，对总部依赖程度大	成员企业部分资源需总部提供，对总部依赖程度较大	成员企业受总部战略指导，在资源上对总部依赖不大	成员企业完全可以自主发展，对总部依赖程度非常小
总部实例	西门子	杜邦	通用电气	华侨城

资料来源：作者整理。

二是总部的结构安排。这也要考虑两方面的问题：总部的内部机构和在整体架构中的层次问题。

本书认为，一个较为“标准”的总部内部机构至少应包含三个部分：

（1）最高管理层。这不是简单的二级机构负责人组成的议事机构，而是一种具有“企业家”功能的战略决策班子，它使得集团目标置于各部门之上，通过监督和业绩评价避免利益的派系之争。

（2）最高参谋机构。大企业的决策复杂性超出了少数领导人的个人能力所能驾驭的范围，必须依靠一个完备的专家群来进行科学而系统的研究分析。各种专业管理委员会如审计委员会、执行委员会等被要求在大型企业集团中设立就是旨在提高大企业复杂决策的科学化。

（3）总部管理及服务机构。最高参谋机构是为了决策前的准备，而总部管理及服务机构侧重于决策后的执行。总部管理及服务机构权变很大，既可以包括日常职能部门，如办公室、战略部、投资部、人事部等，也可以包括服务部门，如研发中心、融资中心、培训中心等。

至于总部在整体架构中的层次问题，主要考虑总部尤其是总部管理及服务机构究竟设在主要核心企业内还是在核心企业外另设的取舍。特别是针对母子公司体制，这一点尤为突出。国内对母子公司体制模式作了大量的研究（葛晨等，1999），但应看到，母子公司体制有一个重要的现实基础，即以单一主导产业或业务高度相关为前提，成员企业依附于一个核心企业，主业一旦发生分化，出现多个核心企业，母子公司体制就必须相应变化。就总部而言，如果总部设在核心企业或母公司内，那么总部管理机构既要对集团成员企业进行管理，又要考虑自身内部经营，形成了所谓的“两块牌子，一套班子”，这种依托核心企业的总部模式可以突出主业、明确方向。但其不利之处就是总部易受母公司操纵，母公司容易损害成员企业利益，而且随着成员企业壮大，主业多元化，母子公司矛盾会导致集团崩溃；如果将总部超越于核心企业另设，虽然可能做到“一视同仁”，但也可能导致主业不突出，增设管理层次加大管理成本，最终弱化产权纽带管理功能，使得总部形同虚设。因此，总部在整体架构中的层次问题一定要同主业发展、集团稳定性等多方面结合起来。

6.3 总部建设

总结上面的分析，本章在批判性回顾企业集团相关论述的基础上，以企业集团究竟能否实现价值增值以及如何实现价值增值这一关键性问题为研究起点，按照“企业集团组织的存在本质—成员企业异质性—协同效应—总部功能发展与建设”这一逻辑主线，系统探讨了企业集团价值创造的特殊机理。通过前面分析，可以深化以下结论，同时通过对中国企业集团发展的分析提出相关建议。

（1）企业集团的存在本质并不是规避了市场和企业的不足，而是能够实现一种基于成员企业异质性的协同效应。传统经济学观点只是在企业同质性基础上解释了企业集团的成本节约效应，如中间组织观点看到的是交易成本的节约效应，规模经济和范围经济关注的是生产成本的节约效应，都没有立足企业异质性从价值创造角度去重新审视企业集团协同效应的特殊性。成本节约总是有限的，而价值创造一定程度上才是永不枯竭的增长源泉。因此，通过企业集团来实现协同，而不是通过协同来实现企业集团，有着截然不同的差异。

（2）企业集团的协同效应价值创造应该在成员企业和总部两个层面得到实现。这既是企业集团协同效应与一般联合体协同效应所不同的复杂之处，同时也是企业集团协同价值创造的重要标准。国外许多企业无论通过购并、联合，还是自身扩张来形成企业集团，都是为了这种第二层次价值创造的实现。正是有了这种协同效应，才有了企业集团所获得的几倍乃至几十倍的持续稳健成长。

（3）集团总部是掌握企业集团协同效应实现与否的关键之“手”。企业集团的协同效应是带有很强“或然”性的，也就是说它只是一种潜在可能，要想将这种潜在性转化为现实性，必须依赖于集团总部这一特殊结构。如前所述，总部促进协同，一方面要通过分离化和整合化机制这种基础能力，另一方面还要通过自身不断建设和制度安排来推动集团向更高协同的层次发展。中国的企业集团为什么不能像通用电气公司那样，在兼并和分拆各种企业中游刃有余，不断地实现着协同高速增长，就是因为大多数中国企业集团的总部不仅缺乏分离化和整合化这些基础能力，而且缺乏自身有效的不断建设，致使制约了企业集团本身的发展。

中国企业集团的协同效应的实现，要在前面分析结论基础上动态演进地去思考。纵观中国企业集团的发展，应该看到，国有型企业集团和民营型企业集团呈现迥然相异的两条演进曲线。国有型企业集团“几乎无一例外地采取了类似于H型的企业集团形式的模式”（吴敬琏，2004），国有型企业集团的形成主要是行政主导过程，内部非常松散，缺乏一种自组织过程，很少考虑协同效应，更不用说发挥成员企业的价值创造了。从总部看，国有型企业集团的总部常常是上级行政主管，既没有形成固定的战略决策班子，也没有参谋层的支持，这样的总部往往平时只是类似于办公室的执行机构，关键时候成了各级负责人的联席会议，其中的协商更容易成为平衡各方利益的政治性过程，其最后的结果仅是局部利益的调和和妥协，而不是整体的战略优化。由于总部的存在形同虚设，国有型企业集团大多出现“集而不团”的现象就不足为奇了。而且，一旦遭遇到个别成员企业异常壮大或利益受到侵犯而出现机会主义乃至冒犯主义时，这种“脆弱”的总部就会危机重重，进一步导致集团解体或重组。

而民营型企业集团源自家族企业的壮大和扩张。集团内部大多是高度集权的管理，类似于U型模式，但其总部也只是执行机构，战略决策完全由集团主要领导人承担，均出自他个人的经验和判断，战略决策成了个人化决策的附属，各下属机构和企业领导人及参谋层所组成的议事机构总部也是依“眼色”行事。这样的总部仍然卷入了大量的日常经营管理活动，至多能起到协调和服务作用，更高层次的战略规划、整合等功能在民营型企业集团的总部还较少看到。

国有型企业集团和民营型企业集团的总部演进过程既有中国的历史文化背景，也有现实根源。国有型企业集团就像国内学者吴敬琏所言，其现实根源是由于中国国有企业改革长期实行“放权让利”改革方针后所形成的“所有者缺位”和“内部人控制”的局面。对于民营型企业集团总部，其历史文化影响主要源于封建管理体制以及宗族制度所导致的高度集权特征的文化，这种文化使得家族领导人缺乏广泛的信任基础，习惯于管控一切。“高度集权”与“裂土分疆”的比照，正是反映了我国历史文化所长期存在的矛盾性。从现实根源看，外部环境的诸多不确定性、政策的不连续性、经理人市场的不成熟，尤其是在转型改革过程中所出现的大量信任缺失，致使民营型企业集团总部长期局限于集权式职能管理的U型模式中。

总体比较而言，许多民营型企业集团只是一个一定程度上实现了规模经济或范围经济的生产性单体企业，而多数国有型企业集团也仅是东拼西凑的松散的行政主导的“联合体”。虽然表象不同，但都是由于总部功能弱化和不成熟性，导致了国有型企业集团和民营型企业集团同样没有实现价值创造基础上的协同效应，这也难怪学术界及企业界会不断质疑企业集团这种组织形式的合理性。总之，通过前面的逻辑阐释，结合中国企业发展的历史文化背景和现实根源，本书认为，中国企业集团未来发展的着眼点应放到对集团总部的不断建设和制度安排改进上来，应放到有效构建和推动协同效应上来。只有总部基础能力的持续完善才能使我国企业集团向更高的层次发展，这也符合国外大型企业协同高速增长的发展规律和演进趋势。

7 企业集团购并整合改进分析

7.1 企业集团购并后整合的作用

较完整意义上的购并一般来讲既包括购并过程又包含购并后整合过程，“购并过程”是同狭义的购并相一致的，整体考虑这一过程，过程中只发生价值的分配和转移，只为资源的重新配置和竞争优势的增强创造了可能，并没有实质价值的创造，只是价值创造的前提。有人认为股价溢价是购并本身创造的价值，如果通盘考虑购并交易所发生的所有交易费用，将双方购并的谈判费用、税收优惠、资金募集、轰动效应、转移支付等诸多因素产生的成本和收益汇总，其价值总和变化是微小的，通常购并方股东在交易中损失的财富，实际上是被购并方股东的异常收益。国内外近年来的研究普遍显示购并方从整体上很难从购并中获利（Jensen，1983），但为什么仍有许多公司热衷于购并扩张，为什么购并浪潮一浪高于一浪。究其缘由，购并方的价值增值的着眼点并不单单在购并交易的价格上（虽然购并价格是购并成功的重要因素之一），股票溢价只是一种对未来预期的反映，其更应关注购并后的长期表现，更应重视企业集团购并后通过整合改善集团整体竞争力而达到更高的未来价值创造。

广义上真正意义的企业集团购并是企业集团内成长战略的一种替代形式，因而集团购并必须同时关注交易过程和购并后协同整合过程。完整的集团购并特别是集团战略性购并中的价值变化是交易价值分配和整合价值创造的共同结果，实证研究表明，被购并方一般所获得的价值增值来自购并交易中价值分配，即股票溢价或价格收入。而购并方有时也能从交易中由于某些税收优惠或轰动效应获利，但从总体上说，这种交易价值增加微乎其微，不仅企业集团购并而且一般企业购并的价值创造的着眼点都应主要落在购并后整合上。也就是说，企业集团购并主要是一种“潜在”价值创造的购并活动，这种“潜在性”体现在购并后整合的战略协同、管理协同、组织协同等多种协同作用和整合的竞争力扩张而提升的赢利能力上，从长期考察，其远大于仅仅在交易中所获的价值。

“购并后的整合”（Post-merger Integration）是购并企业的管理系统和目标企业的管理系统重新组合成一个新管理系统的过程，它突破原有企业的管理空间界限，谋求新系统的完全磨合，是一个较长的系统工程。企业集团对购并后整合重视程度与一般购并是不同的，尽管通常企业购并也会提到购并后整合，但难以像企业集团购并一样重视购并后整合而将其提升至购并出发点。也就是说，在一定情况下，企业集团购并会优先考虑购并后整合未来带来的价值创造而可能将购并本身代价置于其次。简言之，企业集团购并的价值取向更侧重于购并后整合收益。

购并表面上似乎会对企业成长立即产生助益，但如果谈到永续经营，就仰赖日后的整合工作是否能够成功，这个购并后的整合过程是购并价值创造过程的重要阶段。剔除单纯交易动机，购并过程中创造价值及公司价值的变化实质上分为两个阶段：重组和协同。重组是购并交易过程，是运用市场机制，通过将购并企业中的某些业务部门转让给更合适的买家来获益；协同是购并后整合过程，是通过购并双方的能力和知识共享、转移和扩散来创造价值，也就是依赖对双方的调整和合作实现新增价值。以往大量的购并研究实质上是重组和绩效探讨，一定程度上存在潜意识的“协同可以自动实现”的想法，因而针对协同的整合常常被忽视。以此类推，在大多数企业购并中，购并目标常定位于来自财务上的溢价，出现“购并失败”或“购并后遗症”也不足为怪了。

众多的购并实践说明，购并对于企业集团发展可能是一把双刃剑，其业绩和公司价值并无正相关关系，而且价值变化发生在两个阶段。如图7-1所示，企业集团一般成长轨迹为AC直线，在购并重组阶段，如果成功，集团价值增值和股价上扬，集团价值沿ACE折线上升，失败则沿虚线下滑；同样，在购并后协同阶段，整合成功运营改善业绩提高，会使集团价值沿ACEF折线上升，失败导致集团价值沿虚线下滑。购并价值在C点和E点都发生变化，既可能上升也可能下降。收益和风险并存于C、E两点。不仅重组价值损失引发购并失败，协同整合中价值损失也可能吞噬企业集团整个前期的价值成果造成最终的购并失败。

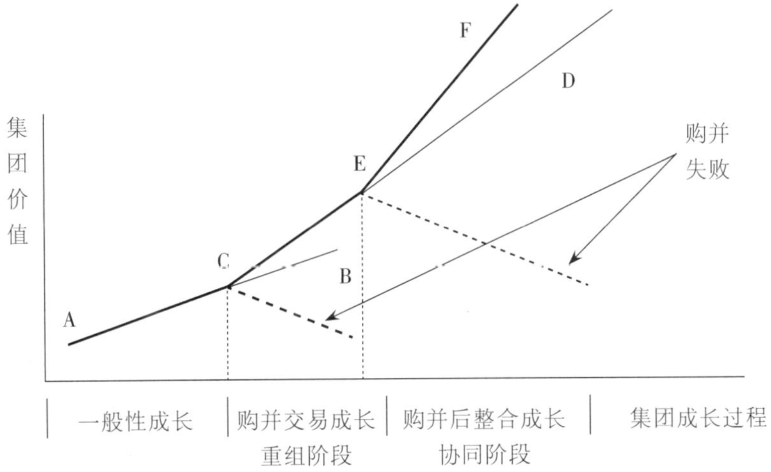

图7-1 企业集团购并的总体价值创造过程

7.2 企业集团购并后整合的特殊性

按照制度经济学的说法，企业与集团都不过是一种“内部化”的制度安排。因而，企业购并和集团购并整合都是为实现这种“内部化”的方式与路径，即把原来通过外部市场交易的东西变成组织内部协调的对象。“内部化”的目的当然是希望获得比从前更大的价值。但企业购并整合主要是通过把提供一种产品或服务的交易流程“内部化”，而企业集团购并整合是把一些不同公司之间的交易“内部化”。

这种“内部化”机理不同的购并说明，企业集团购并整合在影响力和控制力上远非企业购并所能相比。如果一个集团可以支配和控制更大规模的有效资产，那么其本身也就具有价值。集团经营的目标是：现有资产的保值和增值，现有成员企业的核心能力保持，以及提高这些资产的影响力和支配更多资产的能力，实现整体核心能力“2+2>5”的提升。

企业集团作为一个多法人企业的联合体，其购并整合与一般公司购并整合不同的是需要设计一套控制、协调、激励和约束机制，处理好成员企业之间的关系。从价值创造上看，企业集团包含两个层次：一是集团内企业或业务本身带来的价值，这一层次的价值创造发生在子公司层面，这在那些投资项目或业务独立经营时已经存在；二是这些集团内企业或业务之间的“协同效应”带来的价值，这一层次的价值创造只能发生在集团层面，这些不同的投资项目或业务之间可能存在关联和互动，因此可能带来它们独立经营时无法获得的价值。

1）购并整合中的集团内企业层面价值创造：来自企业的核心能力转移

在企业集团购并整合中，集团内企业主要考虑的是自身核心能力的转移，包括外移（拓展核心能力）或内移（获取核心能力）两个方向。只要购并整合可以增强企业的核心能力，显化核心能力，继而增加竞争优势，就可以认为购并对这一企业是适宜的、可取的。更为具体地讲，我国学者魏江认为基于核心能力的企业购并的战略目标分为四类：①核心能力获取。对具有基础态核心能力，或丧失竞争优势的企业，通过购并从外部获取已经形成的核心能力。②核心能力构筑。对已具有基础态核心能力并向高级阶段发展的企业，购并可以增强要素之间的互补优势。③核心能力强化。旨在提高核心能力的保护力量。④核心能力拓展。对于已经具有成熟核心能力的企业，可将核心能力通过购并转移、扩散，以创造更大价值。

无论集团内企业如何考虑核心能力与购并整合的互动关系，这种“企业购并整合”仍然是“本位主义”的。或者说，购并整合的出发点依然是以单个企业自身优势最大化为导向的，其在核心能力的获取、构筑、强化、拓展上无不体现着“自私”的味道。这种基于自身定位的集团内企业层面购并很难从整体企业集团层面去思考购并活动对集团内所有成员以及所有协作方的影响程度和全局意义。

2）从集团整体出发的总部在购并整合中的价值创造：核心能力的协同

集团总部对购并价值创造考察的重要标准是，各种成员企业经营业务在本集团中不仅比独立经营时绩效好，而且比置于其他集团之下更好。否则，在控制权市场发展比较充分的情况下，集团内企业完全可以通过更换“领导”或“父母”，另投他处，创造更大的价值。当然，集团在购并整合中的价值创造并非要求总部直接参与经营，因为在很多情况下，这反而会分散集团的资源和精力，进而破坏整体价值。

企业集团在总部和企业的共同影响下，其购并整合既具有正面放大作用，也易发生负面波及效应和低效率经营。企业集团购并的成功很大程度上要仰赖购并后的整合管理。

7.3 企业集团总部购并整合

从前面叙述可以看出，企业集团购并整合的价值创造的两层性，实质上体现着对企业集团购并整合宏观与微观思考的差异，因此，下面将结合前面论述探讨企业集团购并整合改进构想。

集团总部中心不同于一般企业内的高层管理机构，它是通过寻求集权和放权之间的平衡来达到协同创造价值的机构。企业集团的组织关系复杂性和独特的价值创造功能使得集团总部层面的购并整合不同于一般企业的购并整合。集团层面的整合实质上是在构造一个新的利益共同体。集团总部的购并整合不是严格意义上的购并整合管理，而是“协同购并整合”。企业集团总部所驾驭和指导的这种协同如前，包括结构性协同、资本性协同、战略性协同和文化性协同，体现在包括配置、协调和控制三个功能上。如图7-2所示，集团总部在协同指导上，其购并整合战略呈现三个层次：覆盖型购并整合、契合型购并整合、互惠型购并整合。

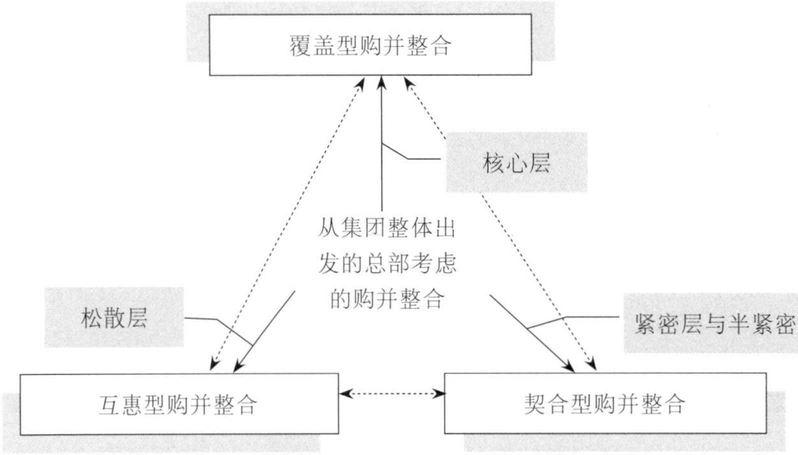

图7-2　集团总部层面考虑的购并及整合改进

7.3.1　覆盖型购并整合

主要针对被购并企业将加入集团的核心层，成为母公司或控股子公司的一部分。这种整合将大大影响企业集团的竞争优势和凝聚力，对集团发展起重大影响。因此，覆盖型整合必须涉及双方各种“软”“硬”因素，达到全面融合。这实质上是一种深度的一体化整合。实现官僚式控制与市场式控制相结合。

7.3.2　契合型购并整合

在紧密层与半紧密层发生购并吸收成为参股公司或关联公司，宜采用这种整合。它保持了被购并方一定的自主性，重点是股权联结和文化构建，主要是市场式控制，当然必须结合适度的人事和行政的官僚式控制，但深度强度大大低于覆盖型购并整合。

7.3.3 互惠型购并整合

严格意义上的集团购并不包括松散层企业，但在购并整合中却必须处理好这些松散层的协同和控制问题。松散层企业整合要比购并重组的范围更大。对于松散层企业，主要借助市场的外部治理和长期契约组带进行整合，以达到经营上的协作，允许被购并方保持自主性，基本上没有官僚式控制。

7.4 企业集团内部购并整合

由于企业集团总部与集团内部企业具有不同的价值创造功能，集团总部的协同性购并整合并不能替代内部企业的整合过程。影响集团内企业购并整合的因素很多，本书仅对整合价值创造有决定性意义的文化、人员以及组织三条整合流（Integration Flows）的问题作以探讨（如图7-3所示）。

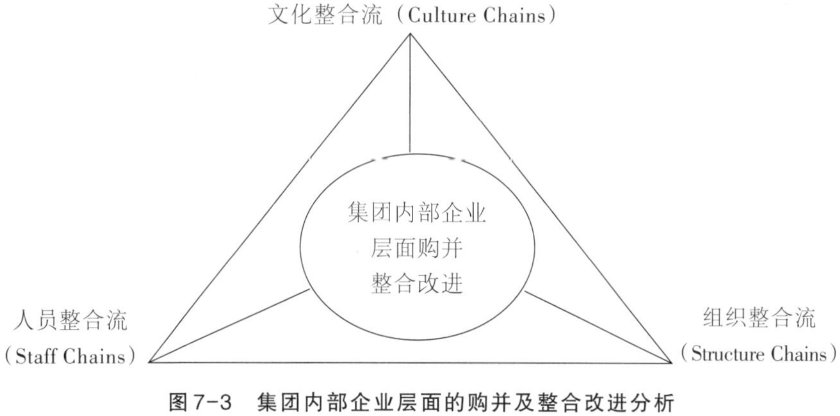

图7-3 集团内部企业层面的购并及整合改进分析

7.4.1 文化整合流

任何组织都有积累组织文化的功能。组织文化具有两面性：一方面可以形成无形的核心能力，但另一方面可能造成企业文化的冲突和碰撞，沉淀形成文化风险，成为企业发展障碍。企业文化与企业的产权制度、组织形式、运行方式、经营活动并不会自动地处于协调状态，相反，二者之间往往存在着大量的摩擦和碰撞。因此，企业集团在经济整合的过程中，同时也必须进行文化整合，经济整合是先导，文化整合是保障，经济整合为文化整合奠定了强有力的物质基础，文化整合为经济整合扫清障碍。企业集团的文化整合旨在协同购并双方的观念层的差异，使得目标企业文化融入或共生于集团文化中，以达到文化适应。

文化整合包括两方面的内容：一是不同文化背景下的文化差异分析，这主要表现在跨国购并的文化整合中，考察的重点是分析民族文化差异；二是相同民族文化背景下企业文化的差异分析，重点是考察企业家精神、管理风格、核心员工价值观、公司的亚文化和非正式群体文化的差异和强弱程度。

文化整合可采用“文化梳理”战略方法。主要是对购并双方文化的层次、维度和差异性进行测评和判断，逐步将双方文化因子梳理出来分类并进行“交迭”“增强”“弱化”。文化整合不是消除文化差异，而是文化协同升级的过程。

企业集团文化整合的基本含义是在确认各成员企业文化差异的基础上，实现文化认同和文化归属，进而形成集团文化（钱尼生等，1997）。一般来说，企业文化对于外来文化以及文化改革具有排他性和对抗性特征。因此，在对集团内企业文化整合过程中，必须根据集团组建方式、文化类型、文化差异程度等具体情况选择合适的整合模式。

7.4.2 人员整合流

在企业集团购并整合战略中，文化整合和人员整合是相当重要的，其整合过程可喻为新组织的DNA。购并后整合中的人员整合目标是协同购并双方的专业分工的差异，主要包括两个层面的人员整合：一是集体层面，涉及非正式组织的凝聚分散、高层管理者更替、核心员工变动；二是个体层面，包括个人专业分工变化和心理契约的重构。

人员整合的中心是保留或适当调整以建立一个有竞争力的高层管理团队。被购并企业的高层经理是企业的一种关键资源，保留他们有利于整合的平稳过渡，更换高层管理者的做法导致了很多购并的业绩不佳。

7.4.3 组织整合流

组织整合常常被看作其他整合活动的附带行为，事实上，组织整合直接反映了企业集团的购并整合战略。组织整合是文化整合、人员整合计划真正得以顺利进行的保证。组织整合可以从正式的结构性机制和非正式的微妙机制两个方面入手。正式的结构性机制必须依组织的复杂程度、组织的正规化程度及组织的集权程度而定，但一般来讲，对正式的结构性机制的调整必须以正确引导、利用非正式组织为前提。非正式组织在满足成员心理和情感需要上，比正式组织更具优越性，有时比正式组织更具凝聚力，它的形成具有一定的自发性。因此，充分发挥非正式组织积极的正面效应，有助于购并整合战略的实施。

7.5 基于最优域的企业集团购并整合分析

在研究购并整合理论和企业集团购并实践的过程中发现，企业不可能实现最理想的无摩擦购并整合效果。真正成功的购并整合不是各方面都完美的购并整合，但却是“合适”的整合，即购并整合理论存在一个“合理边界”（Reasonable Boundary）。实际上，现实中存在“整合过度”（Over Integration）和“整合不足”（Under Integration）（Shrivastava，1986）。人们在异口同声批驳“购并整合不足”低效率时，却忽视了大量“过度购并整合”造成的巨大代价和浪费。购并整合不是消除被购并企业的自由性，而是通过保持被购并方相对程度自由性来吸收其竞争力而达到公司价值增值。

购并与整合一致性是难以内化于每个集团组织及成员的心理动态之中的，因为人们的利益和观点不相同，每个人在购并整合中都有一定的权利和行动自由，因此购并整合关键在于集团内企业及个体对购并的“一致认同”。也可以说，购并后整合是对购并的一种“战略性折中”。这种折中就存在“最佳适度”和配合一致性的问题，也就是寻求购并整合中的“最优域”，如图7-4所示。

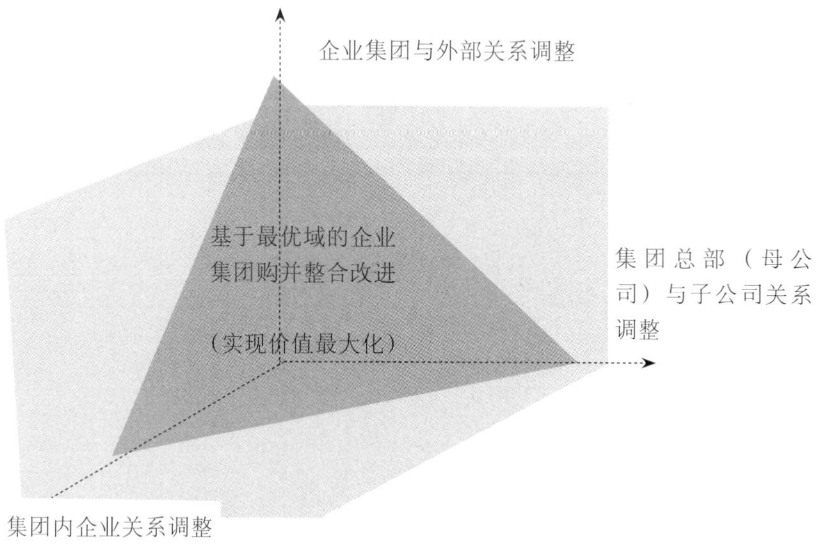

图7-4　基于最优域的中国企业集团购并整合改进整体思考

“最优域”是打开购并整合与企业绩效之间“黑箱”的必要路径。体现这种最优域的关键活动契合实际上是一种“包裹”，这种“包裹”的构成既有相当的价值，又不能让承载人背上负担，即对“最优域”的关键活动考察既要注重其重要性又要注意各个活动之间的契合性，才能使类似于熊彼特所言的“创造性破坏”的购并整合活动具有生机和活力。

企业集团购并整合最优域的寻求应建立在这样的隐含假设上：即购并包括整合与管理，实际是从个体、行为中产生和再生出来的，而不是环境变化所直接产生和决定的（决定论）。也就是说，购并整合要想达到“赢得人心”这种最佳效果，必须联系并深入到购并双方成员个体的微观实践中。要使成员个体达到“认同”，深入微观实践调查是必不可少的。谁能够纯粹代表购并利益，从而促成整合？作为整合的关键主体是否存在？哪些因素至关重要？这些因素被双方接受的程度有多大？等等。这些问题并不能仅从大规模样本的实证统计中得出，购并整合的真理还必须“因地制宜”对具体整合提炼出关键活动。

这里所说的最优购并整合程度不仅从经济角度而言，也是针对双方的适应过程。尤其是企业集团购并整合中的最优域是一种多维度、多层面的整体过程，不能从单一角度或层面去分析，这一购并整合边界内不仅存在多种企业关系处理，即覆盖型、契合型、互惠型；还有三种不同层次的整合活动，即对整合价值创造有决定性意义的文化、人员以及组织三条整合流。文化整合方面要在吸收同化式、共生式、混合式等几种方式中做出适宜性的选择；组织整合也不是“打补丁”，要在集权式、分权式等管理模式中做出选择；在人员整合上要对各种人力资源的留用、调离、换岗、辞退、提升等做分类运用。文化、人员和组织三种变量在整合战略中相互制约，成本各异，势必造成整合存在这种受一定条件局限的最优域。当然不可能存在抛开内外条件限制的“最理想状态”。而且最优域是动态变化的，随着企业购并整合学习曲线下降，最优域面积呈扩大趋势。从兼容性、目标公司相对重要性、双方相对实力对比变化、影响面及所需融合时间等几个角度对这三种整合流进行契合性考察，有助于对最佳域的理解。这不仅能达到资源优化配置、资产增值，而且能保证组织文化能承受购并整合，保证成员的新旧知识能力的良好衔接。

如果从中国转型经济的现实情况下考虑，除上面所谈的三种企业关系处理和三条整合流外，中国企业集团购并整合的“最优域”还必须立足于三个关系：企业集团与外部关系调整、集团总部（母公司）与子公司关系调整、集团内企业关系调整。因此，中国企业集团购并整合的“最优域”不仅体现出多方关系的复杂性，而且暗含着动态调整的难度。如图7-4所示，“最优域”的提出更强调中国企业集团购并整合战略的方向应是从“软”到“硬”、从“有形协同”到“无形协同”过渡和转变，这一战略与大多数成功企业购并实践是吻合的。没有良好的理论作铺垫，很难为我国出现的大型企业购并浪潮提供有力的支撑点。

第3部分　购并后整合知识转移与协同效应

8 知识转移与智力资本

8.1 购并整合中的知识转移

Kogut和Zander认为，企业转移知识的能力是企业存在的重要理由。知识转移的目的是吸收新知识和有效利用新知识，通过知识转移，将那些使组织获益的知识加速应用，从而使组织获得竞争优势。企业有效地进行知识转移，对企业提高竞争优势至关重要。众多实证表明能有效地在组织内部及组织间实现知识转移的组织比那些不能有效转移知识的组织更具生产力和生命力。

8.1.1 企业异质性基础与知识特性

1）企业异质性：基本观点

企业异质性（Enterprise Heterogeneity）是战略管理及购并整合的研究基础。因为探究“企业间的绩效差异”（Levinthal，1995）、“竞争优势的获取和持续”（Rumelt，1984；Porter，1985；Barney，1991；Teece

等，1997）是战略管理领域的根本任务。这种探寻绩效差异背后的基础就是源于异质性或多样性，“超平均产业收入概念的本质是附属于企业异质性的”（Conner，1991）。

基于企业的同质性假设（Enterprise Homogeneity），新古典经济理论将企业视为既定技术条件下的生产函数，并且认为市场是资源配置的唯一手段，企业能够根据完全信息实现生产安排最优化，但企业的长期超额利润是不存在的。然而，以上假设却难以解释现实中的诸多现象，尤其对于企业之间广泛存在的长期利润差距难以给出合理的解释。科斯认为市场与企业是两种协调分工与交易活动的机制，企业的显著特征就是作为价格机制的替代物，企业的出现是出于节约交易费用的目的，因为企业中的权威关系能大量减少需要分散定价的交易数目。以威廉姆森为主要代表人物的资产专用性理论认为企业的功能在于节约市场交易费用，而市场交易费用来源于市场不确定性、资产专用性及其相关的机会主义行为。要同时实现最优投资与最优调整问题，交易双方只有合并在同一个企业之中，即交易双方实现纵向一体化。资产专用性理论与科斯观点的最大区别就是，科斯认为企业的功能是节约因定价数目太多而产生的市场交易费用，而资产专用性理论则认为企业功能是克服因机会主义行为而导致的市场交易费用。詹森和麦克林把企业视为利益相关的人们之间的一组契约安排，并认为“企业行为”类似于市场行为，企业仅仅是一种法律假设。阿尔钦和德姆塞茨从企业内部激励角度提出，企业的本质也是一种市场，不过它是一种特殊的市场，其特殊之处就在于企业这种特殊的市场具有团队生产性质，即它同时使用几种类型的生产要素、团队产出并不是各要素产出的简单之和、团队的生产要素并不属于同一个人等，而企业的存在有助于实现团队生产的激励和监督。

交易成本经济学和合约经济学虽然一定程度上弥补了新古典经济学的研究缺陷，揭开了企业“黑箱”，但其讨论的核心依然仅仅限于资源配置问题，只是其分析单元由传统研究的“企业”转变为“交易成本”，并将企业和市场均视为可以相互替代的资源配置机制。因此，在交易成本经济学和合约经济学中企业同质性的假设仍然没有改变。尽管产业组织相关理论已对企业存在的长期利润差距有所涉及，并把企业的长期利润归结为市场结构的不完全性，然而该理论却始终坚持“企业利润和竞争优势的外生性”的核心观点，尤其是强调外在市场结构的不完全性对于企业利润增长和竞争优势构建的决定作用，因而该理论关注的核心也还未能触及企业本质差异的内在性。

无论是新古典经济理论、交易成本经济学还是产业组织理论都未能完全认识企业的本质特征，而仅仅对于企业出现的部分原因和特征有所论及，却完全忽视了企业最根本的内在特征——生产性功能或价值性特征。毋庸置疑，企业作为一种生产性单位其功能是市场本身无法替代的，企业的出现除了交易费用因素外，还由于企业制度存在对生产的管理特征（迈克尔·迪屈奇，1999）。Rumelt（1982）通过实证研究发现，产业内部比产业之间的企业长期利润率的分散程度要大得多，这表明了企业超额利润的来源最主要的不是外在的市场结构特征，而是企业内部资源禀赋的差异；也同时充分说明企业虽然产生于市场，但又不仅仅是市场的替代：市场的功能仅在于配置资源，而企业不仅在内部配置资源，而且依赖管理活动对所配置的资源进行生产利用，并通过分工生产和知识积累，进行各种各样的价值活动以创造财富，从而逐渐形成了企业之间的异质性（Firm Heterogeneity）。鉴于此，资源理论（Penrose，1965；Grant，1991；Collis和Montgomery，1995）提出资源异质性和不可流动性假说，能力理论（Prahalad和Hamcl，1990）提出核心能力的观点。这两种理论却在“企业的成长与使企业可能拓展生产领域的知识和能力的积累密切相关”这一点上不谋而合，而这种积累正是企业利润差异或竞争优势差异即企业异质性的基础。唯有承认企业尤其是成员企业的异质性特征，成员企业的内在价值在合作竞争的协同中方能被激发出来，最终使得企业形成的整体价值获得一种“市场溢价”，即获得一种协同性的价值创造。

2）企业的知识特性与购并整合焦点

倘若从知识理论角度加以分析，企业的异质性则源自企业于生产过程中形成和积累的知识的差异性，而这种知识差异性乃是源于各企业人员的知识专业化程度不同、成长路径和相互作用过程不同。从表象上看，这种知识差异性会形成各企业在采购、生产、管理、研发和营销等各种流程以及资源和能力上的显性差异，然而正是这些差异性才为企业集团的融入提供了协同机会的识别，才为未来的协同效应提供了空间和指向基础。试想如若将各企业视为同质，那么每个企业所拥有的资源和能力就将是相同的，也就无法实现互补，当然没有必要形成企业集团。退一步讲，这些同质的企业即便组成企业集团也只是量的堆积，而不必去考虑将它们置于核心层、紧密层或松散层的问题，也就根本没有质的飞跃即协同效应实现的空间。所以说，企业的异质性在企业集团中并不是一个孤立的概念，它既是集团内分工和专业化的前提，也存在于集团内企业间竞争与互补的动态关系中，是形成协同效应的基础。

波兰尼从可转移性角度将知识划分为显性知识和隐性知识。显性知识主要指的是可以通过大众媒体直接获取的知识或技术，它的特点是易于获取和传播。而隐性知识指的是个体或组织具有的高度专有的、难以规范化的、很难传播和与他人共享的知识。正是这部分隐含的、未编码的、高度个性化的、不容易被复制和模仿的隐性知识的存在使得知识经济时代的不同企业间具有了差异性，它是企业能力的本质内涵。企业作为知识的集合体，企业知识的结构存量和动态特征决定了企业配置资源等创新活动的能力，从而最终在企业产出及市场力量中体现出竞争优势。因此，知识特别是隐性知识才是企业持久竞争优势的终极来源，也是购并成功的基础。

从知识转移角度考察，本书认为技术的隐含性、组织依赖性对技术转移的影响最大。目前关于知识转移的文献大都集中讨论组织内部的知识共享以及如何促进知识的产生并提高知识在员工间的转移效率，而关于企业购并后整合的文献大多没有深入探讨隐性知识转移的问题。

8.1.2 购并整合中的知识转移

1）企业购并整合中知识转移失败的原因

（1）在购并对象选择过程中，没有充分考虑双方知识的协同潜力。购并整合应开始于对象的选择并贯穿于购并后整合的持续管理过程，对购并对象的正确选择是成功整合的基础。但现实中，多数企业只是从规模经济或降低交易成本的动机出发来考虑对象的选择，并没有充分考虑双方知识的协同潜力，即匹配程度与兼容性。许多企业通过购并领域的多元化进入了一些陌生领域，但新的领域意味着企业知识协同潜力的降低，其面临的挑战是巨大的。

（2）在购并整合过程中未能建立健全知识转移机制。购并为企业知识的积累提供了有效的组织安排，是企业加速知识转移与创造的平台，其核心就是双方知识转移和创造的动态过程。然而即使双方知识具有很大的协同潜力，若没有保证实现其协同的机制与方法，也很难实现转移。不少企业认为知识管理是一门技术，只要引入先进的管理信息系统，知识转移机制就会自动地生成。然而，知识转移机制是一个由多种因素影响的有机系统，只通过孤立的一种或几种手段难以实现其效用。

（3）缺少有效的知识转移机制的支撑体系。知识转移所面临的问题，一是可以分享而不愿意分享，解决的基本方法是通过激励机制设计或者组织文化建设来提高知识分享的积极性；二是愿意分享而难以分享，解决的基本途径是创造分享的条件。

2）企业购并整合中知识转移改进购并绩效策略

对于以上购并整合中知识转移存在的问题，本书认为，可以通过知识开发及知识互补等整合框架改进购并绩效。

（1）知识开发。由于企业内部资源的有限性，通过购并将拥有某种知识的企业纳入自身体系就成为培育企业核心能力的一种重要手段。这要求企业在购并过程中有明确的战略意图，换句话说，企业实行购并要有追求企业间知识互补效应的意图。购并方首先要对自己的知识结构和被购并方的知识结构有一个充分的了解，确定需要补充的知识，然后再在此基础上选择合适的购并对象。企业只有在购并过程中始终有战略的指导并根据变化的情况不断修正战略，才能保证企业真正通过购并活动建立、巩固自己的竞争优势。

（2）知识互补。企业能力由不同的、互补的知识体系有机结合而成（王磊，2006），企业要想通过购并获得建立企业能力所需的各种知识，就必须及时采取有效手段对这些知识进行互补整合。

首先，企业领导要站在战略的高度重视购并后企业的知识互补过程，将其作为购并后整合工作的重中之重。知识的整合互补尤其是隐性知识的整合互补是一个复杂的过程，企业若不对其给予高度重视，很有可能达不到预期效果，从而使整个购并活动失去其原有的意义。

其次，应成立一个知识互补小组，专门从事购并后企业的知识互补工作。出于知识互补动机进行的企业购并活动的效果的显现往往是长期的，在企业购并后的短期内甚至会一度陷入困境。因此，除了要求有来自上层的强力支持之外，还要有一个专门小组持之以恒地贯彻执行各项整合政策。

再次，在企业内部建立学习型组织，创造学习氛围。知识的快速转移，要有相应的组织形式来保证，学习型组织可以满足这一组织条件。购并后企业的知识互补过程其实就是一个知识的交流、学习过程。通过倡导组织学习，将购并后企业的隐性知识显性化，并在全企业范围内进行交流、学习，这样可以使各方面的知识在最短的时间内融会贯通，迅速形成新的企业能力。

最后，要重视购并整合过程中的员工心理契约重建问题。员工是企业知识的载体，是企业最宝贵的资源。要采取措施，缓解员工心理压力；尽快确立组织目标，尽快使员工完成角色定位；尽量使员工多参与购并整合过程，加强沟通，建立信任；关注购并企业间的文化差异，选择最优的企业文化适应模式，帮助员工完成心理适应过程。

企业购并活动就是通过知识转移创造价值的过程，具有动态能力特征的知识成为决定企业购并可行与否和成功与否的关键性变量。企业间的购并总是意味着不同类型知识之间的转移，因此企业间的购并活动就是通过知识转移进而实现购并后企业价值最大化的过程。

8.2 购并整合中的知识学习与转移

企业组织不仅是复杂适应系统，同时也是新知识创造的重要发生载体。购并整合是为实现协同效应而进行的一个非常复杂的社会学习活动。企业发生购并后作为一个新形成的知识系统，目标、要素、环境等都发生了变化。作为一个组织的整体，企业行为的动态变化，更加难以推测。企业管理过程不再是一个可以运用线性方程描述并且可以精确预测的简单过程，在管理方法上必须有新的突破。而现有理论思维模式是单一的、线性的，其对购并后整合运用的是还原论和确定论的思维。实际上由于环境的复杂性和不确定性，组织系统的多层级、多单元、多目标的复杂性，管理信息的非对称性以及企业系统的非平衡性和混沌性，势必造成购并后整合的复杂性，整合的性质和功能并不是由其组成部分或具体活动线性叠加而形成的，因而购并后整合是一种复杂的系统学习过程，需要用更具系统性的、复杂性的视角去全面剖析购并后整合的价值创造。基于此，本书将从复杂性和知识学习视角，借鉴“信息空间”理论作为探讨购并后整合复杂性机理的研究框架，融合多个学派观点，深入探讨购并后整合的复杂学习过程，尝试改进购并后整合的管理问题，并最终形成相应对策。

8.2.1 “信息空间”概念及理论

Max H. Boisot 在 20 世纪 90 年代提出了“信息空间”（Information Space，I-Space，简称 I-空间）的概念，并建立了一套分析框架和模型用以研究知识的编码、抽象和传播，即一个社会系统内知识和信息的生产和交换问题。I-空间模型如图 8-1 所示，主要由编码（Codification）、抽象（Abstraction）和扩散（Diffusion）三个维度构成。

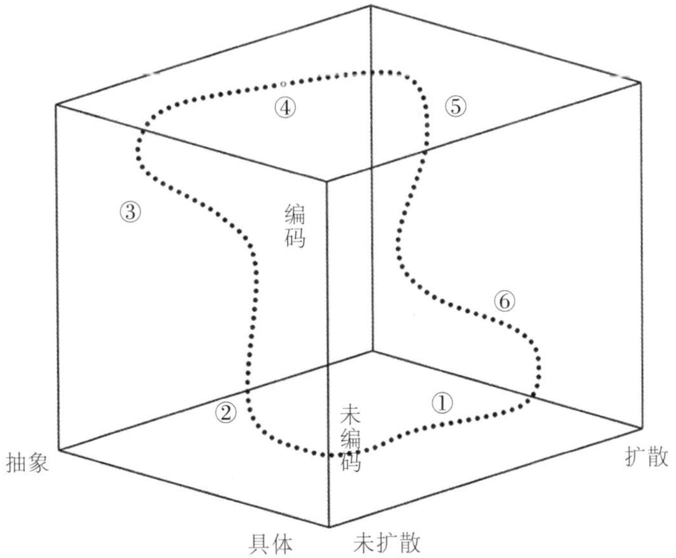

图 8-1 “信息空间”（I-空间）概念及其社会学习周期（SLC）

（1）编码：表示对描述现象、事物或经验的信息进行清晰分类的速度和难易程度。分类速度越快、越容易，信息的可编码程度就越高。编码用以降低数据中的不确定性。当信息沿着编码这个维度移动，其不确定性、复杂和模糊程度不断降低。实质上，数据从不确定到确定的过程就是信息被结构化和一致性的过程，该过程的成功和有效与否依赖于信息的复杂度和设计执行者的经验。

（2）抽象：表示对代表现象、事物或经验的信息进行分类时的类别数目。类别数目越少，信息的抽象程度就越高。用以把与期望目标相关的潜在逻辑结构和规则揭示提取出来，抽象可以降低问题描述的属性数量，提高表达质量。抽象和编码的运动是同向和一致的，当数据沿着这两个维度运动时，信息便越来越清晰、明白且更适合共享。

（3）扩散：表示在给定的时间内，与某信息相关的个人或群体中，能够获取该信息者所占的比例。比例越高，说明信息的扩散程度越高。这个过程最为复杂，是复杂信息完成后在组织内接受、执行的过程，其目的不在于执行者如何进行数据和信息的采集分析，而在于如何增加数据和信息的可用性。

基于I–空间的框架Boisot进一步指出，新知识的创造和扩散实际上激活了I–空间所有三个维度，但I–空间中的信息不是静止不变的，而是根据发送者和接收者的意图以可接受的方式在信息空间中不断循环流动的，它们是以“社会学习周期”（Social Learning Cycle）即SLC过程这种特定顺序实现循环流动的，如图8–1所示，社会学习周期可以分解为以下六个阶段：

（1）扫描：是指在一般可以获得但又模糊不清的数据中，识别威胁与机会。扫描将赋予这样的数据以形式，使之形成独特的或特异性的见解。这些独特的或特异性的见解往往是属于个人或某个小团体的。当数据的编码和抽象程度相当高，那么扫描的速度会很快；如果数据未被编码且属于特定语境，扫描会很缓慢。

（2）解决问题：也就是对这些独特的或特异性的深刻见解进行编码的过程。在这一阶段，会赋予这些见解以明确的形式，最初与这些见解相关的许多不确定性因素会被去除掉。

（3）抽象：是指把新近编码的见解的适用性推广到范围广阔的各种情形中。这包括把它们简化到最本质的特征，也就是使之形成概念。解决问题和抽象常常是协调一道发挥作用。

（4）扩散：是指和目标总体分享新创造出来的深刻见解。与未编码的属于特定语境的数据相比，编码充分的抽象数据扩散到大规模的总体，在技术上会存在较少的问题。

（5）吸收：是以“干中学”（Learning by Doing）或“用中学”（Learning by Using）的方式，把新编码和抽象的见解应用于各种不同的情形，随着时间的推移，使全部的目标主体都能够把这些见解吸收，成为自己知识的一部分，从而更好地指导他们在特定情况下的应用。

（6）形成影响：形成影响是指将抽象的知识嵌入具体的惯例之中。这种嵌入可以发生在人工制品、技术准则或组织准则，或者是行为模式中。吸收和形成影响常常是协同发挥作用的。

8.2.2 基于“信息空间”框架的购并后整合

1）“I-空间”视域下的购并后整合的复杂知识分布

利用“I-空间”框架可以将企业购并后整合要面对的复杂知识分为四种不同分布状态。如图8 2所示，在空间的A区域及其周围，主要是员工关于组织特定历史和内部事件的极具个人化的特异性知识，这些知识往往未实现编码和扩散，抽象程度也很低，体现个人经历的默会性（Tacit）程度很高，本书称之为“员工/个人知识”。在空间的B区域及其周围，则主要存在的是“业务/专家知识”，是组织内在业务经营中所具有的被编码化和抽象化而获得一般性知识，它体现的是购并双方企业在运营、营销、采购、财务等业务职能方面的知识，还包括专利权、著作权等情况。虽然业务/专家知识可以在多数情况下以业务手册、内部培训资料等形式存在，但它的部门界限还是相当明确的，即在企业整体组织内还缺少完全的扩散。I-空间的C区域及其周围的知识往往处在公共领域，最具一般性，是编码化、抽象化较为彻底并得到广泛扩散的购并双方都明晰的“产业/战略知识”，常包括该行业产业结构、资源要素等显性内容。这些知识常会出现在杂志、报纸、说明书及行业资料出版物中，对于这些知识人们学习了解的壁垒很小，亦可以看作公共知识或“书本知识”。在I-空间的D区域及其周围，本书把知识分布界定为“组织/团队知识”，公司文化、价值观、团队精神等常为该知识的表现形式，主要因为这种知识来源于组织成员之间长期的互动交往学习所形成的，扩散程度很高，但编码和抽象并不充分，尽管企业努力制定相关手册以使成员认同，但组织成员还是用自身独特经历和境遇来筛选和过滤信息，因此，这一区域的知识具有半默会性。

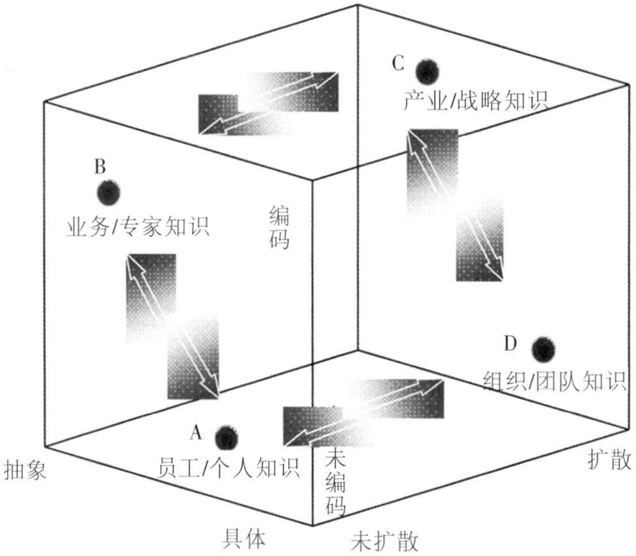

图8-2 购并后整合在“I-空间”中复杂知识分布

在I-空间中，这四种知识不仅涵盖了购并整合多个学派的理论，而且说明购并后整合的知识分布不是孤立的，而是相互联系、可以随时间相互转化的。通过不同知识在I-空间上的组合，可以勾勒出多种购并整合的复杂状态。如产业/战略知识与业务/专家知识在I-空间中都处在相对“有序状态”，其结构化较好，知识的转移、存储和处理等工作相对简单，两者联系（B-C）可以反映金融经济学派或战略管理学派关注的购并后整合知识，譬如横向购并中双方对市场份额、规模经济性、竞争态势等认识较为一致。组织/团队知识与员工/个人知识在I–空间中就处在相对“混沌状态”，因为该知识积累在个人或团队组织中，多数未编码或抽象，结构化差，知识的转移、存储和处理等工作相对复杂，两者联系（D–A）往往反映出组织行为学或人力资源学派所研究的购并后整合知识。D–A的知识由于多种非结构化的个人知识、部门知识、正式或非正式团队知识以及以上层面的知识交织在一起，混沌而不稳定，需要持续学习，向空间上部寻找较为稳定、静态的平衡。

本书基于I–空间的知识分类，较为多元、全面地展现了购并整合所必须面对的复杂知识“图景”。从这一复杂图景看，购并失败的原因之一，就是对购并双方的知识差异缺少全面细致的估计。比如，购并对方R&D部门，并不能仅仅看到被购并方的专利数量、技术储备等业务/专家知识，还要分析对方企业技术人员即知识型员工的精神需求、成就需要以及团队凝聚力等，因为专利数量、技术储备尽管是编码、抽象后的知识，可以直接购买转移和存储，但购并企业要想更好地利用、挖掘这些专利、技术，还需要细致分析该知识与被购并企业技术人员的联系紧密性。如果说个人或团队创造性对要购并的专利或技术影响巨大，则购并方必须花费精力去考虑留下核心技术人员或关键团队，购并整合所聚焦的知识重点也转移到默会性的关注上，具有较大默会性的员工/个人知识和组织/团队知识将是整合的主要挑战。这说明，实施购并后整合战略过程中，虽然都遵循一些固定的模式，但是在每一次整合的背后，都有一些新的特殊因素在起决定性作用，这些因素将是购并成功与否的关键。

另外，I–空间的购并整合知识图景告诉我们，要学会判断每次购并后整合所处的状态及其动态联系。如前面提到的“有序状态”和“混沌状态”，在某次购并中，“有序状态”占主导，则整合难度较小，主要来自外部支持、环境开放及高管认同等，但如果“混沌状态”占主导，即使有较为精确的战略规划，仍然需要社会周期学习来整合吸收大量微观领域的不确定性。

2）“I–空间”视域下购并后整合的知识学习与转移

前面用I–空间的三个维度重新认识了购并后整合的复杂知识分布

类型，并勾勒了购并整合的多种状态。但是，I-空间中新知识的创造和转移亦不是静止不动的，而是充分循环流动的，这种流动或学习模式是通过“社会学习周期”（SLC）实现的。这说明，在知识不断流动和累积情况下，购并后整合的成功也需要通过逐步消除错误活动的持续学习来完成，像GE、思科等擅长购并的公司就是通过长期积累形成了自身独特的购并整合学习模式。所以，本书通过深入分析SLC是如何提升知识有效转化促进整合成功，来进一步诠释改进购并后整合的管理对策。

如图8-3所示，本书构建的购并后整合的SLC与一般企业的SLC有较大差异。在购并后整合的I-空间中，SLC过程虽然也分为六个阶段，但购并企业不是运作一个社会学习周期，而是运作着两个社会学习周期，其中一条是购并企业自身的社会学习周期，如图8-3中“单一购并方SLC_1”曲线及其阴影区域，另一条是接纳被购并企业后共同运作的社会学习周期，如图8-3中“购并双方SLC_2”虚线及其区域。其中，“购并双方SLC_2”覆盖区域要大于“单一购并方SLC_1”覆盖区域，是因为购并整合需要购并企业将自身的各种知识积累以进一步提高编码、抽象程度，进行更多的选择性扩散才能获得被购并企业的理解和学习。

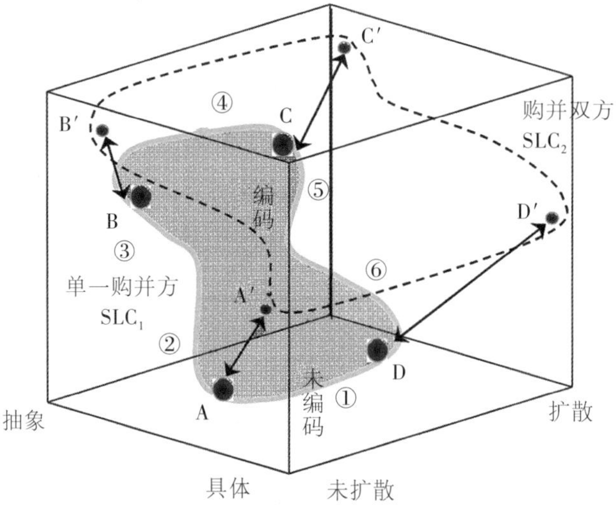

图8-3 “I-空间”视域下的购并后整合的知识学习与转移（两个社会学习周期）

根据前述，分析购并后整合的复杂学习过程，一方面需要讨论针对单一购并方而言的SLC的六个阶段，另一方面还需要讨论购并双方SLC_1与SLC_2的联结问题。

1）单一购并方的SLC过程

一是已扩散-未扩散（扫描）：既可以进行自底向上、自外向内的信息收集，也可以由购并双方高层接触讨论，购并方将分布在被购并方及外部的分散模糊的信息整理，识别了购并整合将带来的威胁与机会，形成购并方的独特见解。但信息整理提炼会受到个人（企业家、代理人等）文化背景、知识结构、风俗习惯的影响。这一阶段促成分散在其他环境的“组织/团队知识”向“员工/个人知识”转化和转移。

二是未编码-编码（解决问题）：将购并整合存在的问题及其解决想法编码化、显性化，去除不确定因素和模糊的成分，形成相关明确形式。由于每个人的“知识编码器”并不相同，因而在对信息进行编码的过程中，这一步骤也会嵌入个人的思想和价值观。

三是具体-抽象（抽象）：把购并整合的草案进行适用性讨论和推广，并集中重要离散信息，形成明确的整合规则，构建整合项目及其规划。这一步骤强调将“个人编码”转变为可以为大多数人所识别的“公共编码”，形成抽象的、清晰的、可为大多数人接受的购并整合框架概念。这一步骤和第二步骤常常是协调一道发挥作用，促成“员工/个人知识”明晰化结构化为“业务/专家知识”。

四是未扩散-已扩散（扩散）：是依据购并整合项目规划和概念自上向下、自内向外传达，或通过面对面沟通，或通过通信交流，推广高层的购并整合构想规划，为周围的其他组织成员所接收。这一步骤中编码充分的“业务/专家知识”扩散到组织内外大规模的总体，成为广泛认同的“产业/战略知识”。

五是编码-未编码（吸收）：在购并双方各部门与员工中展开大量的购并整合实践，通过“干中学”或“用中学”将整合经验和想法应用于各种不同情形，使员工们形成个人化的整合经验，以期深入人心。

六是抽象-具体（形成影响）：组织成员互动交流，将原来抽象的购并整合嵌入具体的购并双方的惯例之中，代表了组织已经将购并整合实践中的相关知识内化为一定的模式，形成“组织记忆”。此时购并后整合经验团队化、组织化。不过，原本共同的规则又开始割裂，新问题产生，购并双方需要清醒地认识并开始着手调整，新的购并整合可能又要开始。第五步骤和第六步骤常常是协同发挥作用，推动“产业/战略知识”内化为组织的惯例，成为“组织/团队知识”。

上述六个步骤，I-空间中，虽然企业SLC学习过程的起点来自具体的信息，终点又结束于具体的信息，但是这并不代表整个组织学习过程的终结。SLC社会学习周期是循环往复、螺旋式上升的，一个学习周期的完结代表着下一个学习周期的开始，而且是在更高起点上的开始。

2）购并双方的SLC互动过程

如图8-3所示，首先，购并后整合是个学习过程，购并方要运作SLC_1和SLC_2两个社会学习周期。一方面，购并方在购并整合中无论是主观还是客观条件都会保持一定的自身稳定性，会用原有方式即SLC_1进行六个步骤的循环学习，但这种学习区域要相对狭窄；另一方面，在接纳被购并企业后，购并方希望获得对方的有价值的资产，因而必须在整合中共同运作另一个社会学习周期SLC_2，需要有选择地扩散传播自己知识以吸收对方知识，导致SLC_2区域要相对扩大得多。

其次，SLC_1与SLC_2在购并后整合初期是分离的，具有不同空间层次。而且SLC_1与SLC_2循环运行的速度有所差异（因为购并方对自身SLC_1运作得较为熟练）。但SLC_1与SLC_2在前述四类知识分布区域要发生上下互动交流，即A与A′、B与B′、C与C′、D与D′发生联结，购并双方需要创造贯通的语境来对四种知识进行大量的沟通，交换各自技能，打消双方焦虑，消除抵制和不信任感。这样，随着整合推进，SLC_1与SLC_2会逐渐靠拢，运行的速度步调会越来越接近。到最后，SLC_1与SLC_2或者融合在一起，或者保持较近的距离（保持被购并方灵活性，但能够为购并方稳定运作），此时，购并后整合才能宣告取得一定成功。

SLC互动过程充分说明，购并后整合管理比一般企业管理难度要大得多，不仅知识性质变化很大，要求SLC_2在编码、抽象、扩散维度上要高于SLC_1，而且，购并后整合不会一蹴而就，SLC_1并不能立刻提升到SLC_2，只能随着时间演进缓慢上移，甚至SLC_1与SLC_2有可能并不重合（如被购并方作为外围企业而未被纳入核心运营体系中），这就需要保持两条社会学习周期的互动运作，对购并方的高层管理的能力要求就更高。

8.2.3 购并后整合的实践思考

理论研究和实践均已经证明，购并后整合并不是一般性的管理问题，而是涉及多种知识转移和学习的复杂过程。基于前述分析框架和相关理论，对改善购并后整合的实践可以关注以下几个方面：

1）要从多元化的知识观和复杂性来理解购并后整合的价值创造

知识本身就是以从数据中提取的信息为基础建立起来的一种能力，而且这种知识资产随着时间推移产生有用的组织能力和相关服务，从而形成潜在的经济价值创造。这也反映出，在信息时代的购并价值创造正在从实物资产转变到以知识资产交易整合为主导的趋势上来。用复杂空间将最能体现购并后整合本质的多元化知识进行系统梳理，不仅避免了单一学派的不足，而且为全面深刻地购并后可能发生的整合要素进行分类，并剖析各种知识之间的内在关系，为提升购并价值创造提供了新的解释力。于实践而言，购并方应不仅要学会全面收集信息，而且要学会将信息通过复杂空间理清为各种知识关系，这样有助于购并方针对不同知识问题采取不同的整合策略。

2）购并后整合不要局限于单一层面，要学会融合个人层面、组织层面以及企业间层面

从I-空间和购并双方的SLC互动过程的分析都可以看出，购并整合是跨越个人、组织层以及企业间等多个层面。知识决不是仅停留在某一层面流动的，知识流动是通过适应性方式在多层面展开的。这也说明，购并双方应该在个人、组织层以及企业间多个层面展开跨越性互动沟通，促进知识的扩散和明晰化。比如，联想购并IBM公司PC业务中，就在总部、部门、团队以及员工个人之间展开了大量频繁的互动学习，

这都为其购并整合成功奠定了厚实的基础。

3）须根据被购并公司的特异性调整购并整合的学习空间和周期

在每一次的购并活动中，被购并方的公司规模和组织结构对实施购并后整合都具有巨大的影响。从公司规模角度而言，一个大型公司通常由多名高层组成高管团队，而一个小型公司通常只有一个老板；大公司依靠规章制度进行严格的管理，而小公司通常执行的是“走动式管理”，由于双方性质不同而造成的管理风格巨大差异，将会对两者之间的购并活动产生显著的影响。因此，购并方需要重新调整I-空间知识分布，并构建新的SLC学习周期。

4）从减小不确定性到不确定性吸收的转变

传统管理主张减小不确定性，然而，购并整合往往是一个随机的过程，购并整合涉及企业活动的所有方面，而且管理者在整合期间所遇到的挑战大多是平时所碰不到的，不确定性不可避免，设定严格固定的模式以及过多地命令和控制会成为一种危险的思路。依据本文框架和观点，控制会成为一种危险的思路。依据本书框架和观点，未来的购并整合特别是针对知识资产的购并整合，要想取得成功，必须为偶然随机因素留有一定空间。

8.3 购并整合中的技术知识转移

购并已成为许多企业的战略方向，是一种能够获取外部知识的有效方式。但是实际案例表明，参与购并的企业往往能顺利完成产权的转移，而技术知识转移则会面临许多困境。外在的有形资产看起来整合得比较顺利，但预期目标却迟迟难以达成，尤其是对企业经营管理绩效有巨大影响的技术知识，仍然脱离有形资产而在各子系统中难以调和。因此，如何提高企业购并过程中的技术知识转移的有效性，以及如何从技术知识转移过程的视角来评价企业购并整合绩效，已成为知识管理和企业购并研究领域的热点问题。

8.3.1 技术知识转移的作用

1）技术知识转移是购并企业取得竞争优势的基础

在企业购并实现产权转移的过程中，虽然资源优化配置和企业控制权转移可以提升企业绩效，但技术知识在这种刚性产权转移框架下可能正在以某种形式发生转化，因此产权的刚性转移不是购并的结束而是开始，因为还有大量的无形资产需要转移，有形资源的刚性整合不等同于隐性资源的实质性占有。Knudsen指出，作为一种重要无形资产的技术知识，其转移过程才是企业取得竞争优势的基础。对于购并方企业要想获取新的知识资源，以及与购并目标企业在新环境下实现知识互补，都要求购并企业双方在实际发生技术知识的转移过程中通过衡量与评估双方情况而设计具体目标和战略过程，以期获得购并后企业竞争优势的最大化。通过技术知识转移的方式，使得购并企业的知识存量迅速增加，技术知识转移可以使得购并企业的技术吸收能力和创新能力远远超过竞争对手的模仿能力。这样做的另一个明显的好处是，能够避免相同研发项目的重复投资，从而节省企业的研发成本。

之所以将技术知识转移视为购并企业价值增值的重要内容，还在于企业购并整合的本质就是企业价值的再设计，而购并双方企业及其员工通过企业技术知识的消化吸收、学习性转移和创造性使用，实现知识的相互作用和相互融合。可见，技术知识转移是购并企业双方共享和应用各类资源和能力的过程。如果购并企业进行了知识转移并能取得很好绩效，将有利于竞争优势的增强和企业绩效的提升。由于技术知识转移的复杂性和困难程度相对于有形资产的转移要高，购并企业之间要实现有效的技术知识转移并不那么简单。要真正实现技术知识的转移，一个重要的标准就是获得企业购并后在技术层面确立的真正的核心知识，不仅是识别这种知识，更重要的是能够相应地获得与这种核心知识配套的研发团队、营销能力、管理模式，甚至是能够发挥最大效益的组织情境的构建等，这才是完整的技术知识转移形式。

2）技术知识转移是购并企业提升核心能力的关键

购并企业双方整合的必要性还在于分散在两个企业当中的技术知识

有机会组成一个有机的知识体系。由于技术知识相对于有形资源而言具有无形性，必须与其他有形资源相结合才能创造出新的价值，这就要求企业整合需要将个体知识转化为组织知识。由于竞争的日益激烈，这就要求企业把购并看作能力提升的重要方式。核心能力作为一个重要的知识体系可以为企业获得竞争优势，这也就说明，技术知识本身并不能形成核心能力，而将技术知识进行转移、互补融合和创造性应用的购并整合活动才是企业核心能力形成并实现企业发展的关键。

购并企业之间有形资源的整合是购并成功的一方面，无形资源的有机整合对购并成功有着更重要的影响。很多企业对知识的生产有大量的积累，但是不能充分认识到技术知识的无形性，仍通过传统的思维模式进行技术知识整合，无法将技术知识、营销知识、管理知识等融会贯通，实现各类知识的相互补充，更无法形成一个与有形资产相互结合的有机体系。非常多的购并失败的案例都说明，有形资产甚至被购并企业的品牌都是较为容易获取的，但被购并企业员工的知识和技能以及客户关系的获取最为困难。通过组织结构和组织权威整合企业的有形资源容易，但对技术知识这样的无形资源的控制和支配极为困难。

3）技术知识转移在企业购并整合中占有核心地位

技术知识转移成功与否取决于购并后整合的效果如何。从技术知识的内部化过程而言，企业技术知识购并后的整合过程就可以看作技术知识的转移过程。例如，思科公司的高速成长得益于具有战略眼光的企业购并活动。思科公司对于新兴技术企业的关注超过其他公司，并能够找准时机进行购并，购并的最主要目标不是企业的有形资产，而是被购并企业的技术知识和掌握核心技术的高级人才，通过这种方式思科公司得以获得技术方面的先进性，更为可贵的是，公司能够灵活运用市场手段和管理模式使技术转化为产品价值，从而迅速占领市场。一位曾掌管思科公司的副总裁说过，“我们能够通过购并的方式获取先进的技术，然后与我们原有技术相融合，这样就使研发到获利的周期大大缩短，迅速地把新产品推向市场。”思科公司购并的目的就是获得被购并企业的技术人才，吸收整个目标企业的技术知识但又不破坏它的生产力。思科公司认为，那些新兴的技术公司相对于市场上现有的竞争者要可怕得多，因为这些公司拥有最多的技术人才。获得技术人才后的整合工作是思科公司成功的关键。技术整合作为一种大规模生产模式和新型的产品研发模式，企业应该更加关注其应用研究。主并企业的技术知识优势又输出到被购并企业，在被购并企业中实现创新成果转化或创造性应用，通过新产品和新工艺的产出提升企业整体市场竞争力。

8.3.2 技术知识特性的转移困境

1）技术知识对组织依赖性强，影响转移效率

技术知识之所以具有很强的组织依赖性，是因为企业往往与外部环境之间具有密切的相互作用。随着外部环境的改变，企业调整自身的实践活动以应对外部环境带来的新挑战和新问题。企业在对这些问题认识和解决的过程中获得了许多新知识，这些新知识将存储于企业的知识库中，并逐步被企业内化为自身知识。由于面对不同的环境，企业员工根据自己所掌握的专业知识采取的应对方式和方法各不相同，这些不同的专业知识和解决问题的方法可以通过员工之间的相互交流实现共享。更为重要的是，知识融合过程中会有特有的专业知识产生出来，并且每种新的专业知识的形成路径不可模仿复制，由此形成的组织特有的技术知识也有很大差异。企业间异质性的产生就是由于不同组织的技术知识存在很大的差异性。

可以从两个方面看待技术知识的组织依赖性对企业的影响。一方面，技术知识可以为企业获得竞争优势，这是由于技术知识的路径依赖性而使其不能被轻易模仿；另一方面，技术知识的组织依赖性可能造成组织僵化，在僵化的组织中技术知识因组织依赖性也具有僵化和封闭的特性而难以获得，组织像一个屏障妨碍技术知识的吸收。在这种情况下，技术知识的表达性困难并不是造成难以转移的关键，其关键是技术知识的组织依赖性特征。要把技术知识转化为企业能力，需要选择合适的知识情境。由此可以看出，组织依赖性主要表现在技术知识对环境的依赖，从而影响了其在企业间的转移。

2）隐性技术知识获取难，无法快速转移

技术知识分为显性技术知识和隐性技术知识两种。其中，显性技

术知识是指用书面文字、图表和数字表述的技术知识，例如科学技术文献、技术标准、专利等就是典型的显性技术知识，这类技术知识由于容易进行清晰的编码和解码，因此通过有偿购买和技术学习的形式就可实现较高成功率的转移。隐性技术知识是技术人员在实践过程中不断积累起来的，因此隐性技术知识需要在实践过程中显现，而不是用语言来表达。这些技术知识的获取难度非常大，尤其是在短期的市场交易活动中，对于技术知识的高隐含性无法简单识别和评估，从而造成技术知识转移的失败。通过购买技术设备和使用说明获得隐性知识较困难，只有以技术购并以及生产或者技术合作的方式实现隐性知识的转移。

此外，在知识获取型的企业购并活动中，理想的状态是购并企业能够预测购并活动给企业带来新知识的应用效果，从而就能够预测被购并企业具备的技术知识的价值。但现实情况是，很多被购并企业对自身的技术知识并没有系统的了解和完整的记录，或者由于多种可能原因而使得记录缺乏规范性和全面性。加之有些产品的开发周期很长，采用的技术知识更加复杂，将这些技术知识相互融合生产出真正的产品就需要更长的时间来学习这些技术知识。Dierickx等指出，关键技术知识的形成遵循“压缩时间不经济”原则，由于企业形成有价值的技术能力需要丰富的知识和经验积累，不管企业投入多大成本，关键技术是无法快速形成的，也就是说缩短获取隐性知识的时间实际上并不经济。

8.3.3 技术知识转移框架分析

Vito等从技术知识转移的系统性出发提出了一个相对完整的知识转移框架。尽管这个框架被广为使用，但是仍需在此基础上继续完善，即围绕技术知识转移活动进一步将购并双方的差异、购并企业的特点、技术知识本身特性和购并整合过程中的各种要素，抽象为评价技术知识转移绩效的转移主体、转移情境、转移方式和转移过程四个方面，并分析这四个方面内部的逻辑关系。本书正是进行这样的尝试性研究，建立的技术知识转移分析模型如图8-4所示。

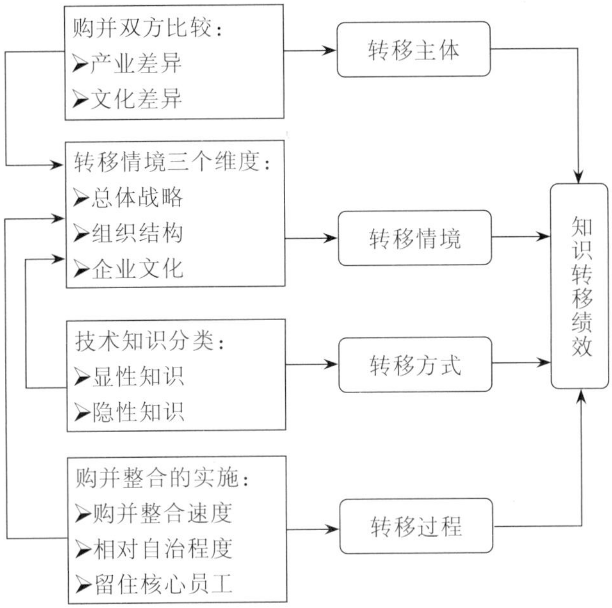

图8-4 技术知识转移分析模型

1）转移主体

技术购并的知识转移发生在购并双方企业之间，知识转移要受到购并双方相似程度的影响。本书从产业差异、文化差异的角度，对转移主体进行分析。

第一，产业差异。产业因素对知识转移具有重要影响，企业吸收的新知识与企业所涉及的产业有很大程度上的相关性。Haleblian等认为，购并企业与被购并企业如果处于相同或者相似的产业，有助于提高企业购并中的知识转移绩效。这是由于产业相似，也会存在竞争战略在一定程度上的类似。由于参与购并企业的产业相似性，它们的发展历程也会相同或者类似，而且知识梯度较小，有着更紧密的业务联系。由于这些因素的存在，从而提高了知识转移的效率。相反，如果参与购并企业之间的产业不相关或者差异性较大，就会有碍知识转移的有效实现。

第二，文化差异。在企业购并过程中，文化整合也是整合管理的重要部分。参与购并企业之间的文化会发生相互影响和渗透，组织文化的双重性决定了文化整合的难度。购并后由于购并双方组织文化的不同，在相互作用过程中就容易产生冲突。组织文化具有植根性，购并企业双方的员工可能因不同的价值观、管理理念和行为规范而不能同时高效工作，从而阻碍知识转移。相反，购并企业之间的文化差异越小，则知识转移的效果就越好。

2）转移情境

虽然技术购并后，购并企业对购并目标企业的技术资源具有完整的支配权，保证了购并企业可以完全根据自己的技术知识需要实施转移活动，但即使在这种情况下仍然存在技术知识转移失败的风险。由于技术知识的强组织依赖性，如果购并企业在购并后不能充分考虑被购并企业的组织特点及其发展历程，将其发展战略、组织形成和企业文化完全强加于被购并企业，可能因无法获得员工的组织认同而难以实现技术知识转移的购并目标。

转移情境是指技术知识转移所依赖的环境，技术知识转移活动要与合适的转移情境相匹配才能保证技术知识转移的有效性。一般来讲，技术知识转移情境包括企业的总体战略、组织结构以及企业文化三个维度。企业购并的技术知识转移不仅要考虑购并双方的差异性，也要考虑转移方式的特殊性，还要考虑如何通过有效的方式进行转移。知识转移的情境将转移主体、转移方式和转移过程三个要素联系在一起，有利于企业系统地分析知识转移绩效。

3）转移方式

一般来讲，不同类型的知识有不同的转移方式，其在转移过程中的作用形式也不同。从知识特性角度而言，企业的技术知识可以分为显性知识和隐性知识两类：显性知识通常表现为语言、文字等结构化的形式；隐性知识一般是以组织或个人的经验、技术诀窍、印象和组织文化等形式存在。隐性知识按照是否可以显性划分为暗含知识和缄默知识。暗含知识指的是可以用文字表述但在现阶段没有表述的隐性知识，缄默知识指的是由于某种原因无法表达清楚的隐性知识。显性知识容易转移和吸收，而隐性知识则由于难以形式化和高度个体化，具有隐含性和嵌入性的特征，增加了其被转移和吸收的难度。为了促进购并双方技术知识整合的有效进行，需要对不同类型的知识采取不同方式进行转移。

4）转移过程

企业购并绩效在很大程度上取决于购并企业之间技术知识转移效果，而技术知识整合的全过程都与技术知识转移效果密切相关，尤其是整合程度对知识转移有直接的作用。技术知识的转移依赖于成功的整合管理，但是文化整合和深层次整合方式容易造成人员间摩擦的增加。当然，放任的技术知识整合模式也具有十分不利的影响，这种影响主要表现在隐性技术知识的转移方面。放任型的整合对整合的程度、速度以及目标企业在多大程度上具有自主权等问题都控制得不好，这都会直接影响技术知识转移的效果。

第一，购并整合速度。整合速度是影响购并中技术知识转移的重要因素，现有的研究对这一因素存在较大的分歧。一类观点认为，最大限度减少“购并后漂移”现象的有效办法就是尽量快速地实施整合，即防止购并后一段时间内员工和企业整体的运行动力不足。例如，整合过渡期的整合任务是最为复杂和繁重的，就有可能出现在完成整合任务的过程中，企业的原有业务由于受到冲击而在精力和资源配置有限的条件下运行，原本一些非常重要的投资和战略决策问题被忽视和拖延，这就给竞争对手很大的机会乘虚而入。同时在企业内部，由于被购并企业的员工对未来职业走向的疑虑，员工的工作热情和满意度很可能会降低。另类观点则认为，迅速整合也可能会不利于知识的转移，因为快速整合可能会掩盖问题，有碍于购并后企业对被购并企业运营能力的学习。但随着时间的推移，即使在购并企业没有做太多努力的购并整合活动中，一些人为阻碍因素也逐渐转变为技术知识转移的促进因素，主要是因为原本不合作的员工逐渐离职，购并过程中的紧张状态慢慢减弱，新员工也不清楚以前两个企业之间的不同。在购并实践中，为了不破坏目标企业原有的复杂知识体系，一些管理者也不支持过于直接或过快地干预被购并企业的工作。

第二，相对自治程度。实施知识转移的前提是保护被购并企业的知识，而被购并企业保护其知识的重要方式就是保持相对自治。在整合过程中，购并企业一方面给予被购并企业一定的自主权保护其知识体系，另一方面因为被购并企业自主权过大而有碍知识转移，处于两难境地。

在整合实践中，一些购并企业会给予被购并企业一定的自治期限，在这段时间内购并双方相互磨合，实质性整合发生在相互学习与沟通的基础上。一些购并实践中，购并企业赋予被购并企业长期的自治权。事实上，被购并企业的长期自主权对整合管理是不利的，这阻碍了彼此信任的建立，减少了相互学习的机会，容易使购并企业之间缺乏融合，有碍于协同效应的发挥，最终不利于知识的转移。

第三，留住核心员工。关键技术人才的流失是购并整合管理中的重要影响因素。这些关键人员是企业最为重要的资产，因为他们掌握着被购并企业的客户关系、关键技能、核心技术和管理诀窍。购并企业对被购并企业核心人员的整合，对减少其他人员的流失有积极影响。首先，将核心人员整合到新的团队中达到了利用关键人才的目的；其次，对核心人员的提升意味着对员工的重视，对被购并企业的员工产生象征性作用。

转移主体、转移情境、转移方式和转移过程这四个方面共同构成了技术知识转移的完整框架。在这四个方面中，技术知识的转移情境对转移绩效影响最大，这是因为其他三个方面除了直接影响技术知识的转移绩效之外，还对技术知识转移的情境产生影响，或者说技术知识转移主体、转移方式和转移过程也共同影响了技术知识转移情境的性质。其中，购并双方的产业差异和文化差异决定了技术知识转移情境的文化要素和战略要素。从知识属性出发的显性知识和隐性知识，由于二者转移难易程度不同，从而决定了技术知识转移情境的组织结构不同。购并整合实施选择的转移过程则决定了技术知识转移情境的战略要素。这四个方面缺一不可，任何一个方面出问题都会对知识转移绩效产生负面影响，甚至影响购并的成败。因此，这四个方面也是购并整合的重要内容，购并整合活动要以实现技术知识转移为核心内容，在跨产业、跨文化购并整合过程中，要充分分析购并双方在技术知识和文化背景整合方面的可行性。在技术知识的转移方式上要制订关于知识的组织载体与有形资源的结合方式以及隐性知识内部化模式的相关策略。而在技术知识转移过程中，要充分考虑转移的时机和速度，使购并双方人员保持相对独立的时间窗口以及保留核心员工的核心地位等，这些要素都是影响知识转移绩效的基本内容。

8.4 购并过程中目标企业智力资本的损耗与弥补

8.4.1 购并中的智力资本

企业购并在本质上是基于购并价值创造的企业投资行为和整合过程。一般认为购并价值创造源自购并所产生的协同效应。尽管人们普遍使用协同效应的概念，但对它的内涵却缺乏深刻的理解。美国学者安索夫（1988）认为“协同也就是购并双方之间匹配关系的理想状态，即一个公司通过收购另一家公司，使得公司的整体业绩好于两个公司原来业绩的总和，也就是通常所说的‘2+2=5’的效果”。安索夫对于“协同效应”的界定一方面强调了购并所带来的公司业绩上的有形收益，另一方面更强调了购并双方实现匹配关系的理想状态，这显然是一种无形收益。也就是说，安索夫的“协同效应”显然包含有形和无形利益的双重潜在机会，以及这种潜在机会与公司能力之间的紧密联系。

目前有关购并的学术研究一般都将研究重点放在了有形收益方面，淡化了购并中的无形收益，忽略了购并过程中的无形资本损耗以及如何对其弥补的问题。本书认为，有形收益的生成并不完全等于协同效应的实现，购并过程是有成本的，特别是购并过程中由于无形资本损耗所造成的无形成本更是应当引起人们的足够重视。因为购并过程中有形成本可以通过谈判技巧的提高、财务专家的努力和管理人员的市场运作而得到有效控制；而购并对于无形资本所造成的损耗虽然是隐性的，却往往是严重的、长期的。特别是知识经济时代，无形资本往往构成了企业实现协同效应和可持续发展的关键性、稀缺性资源，企业对于无形资本的保护就显得尤为重要。预测和降低购并过程中无形资本的损失也就是创造和提高购并价值的过程。本书以企业购并过程中强势企业兼并弱势企业和企业收购为背景进行探讨。

8.4.2 购并对智力资本可能产生的负面影响

一般说来，无形资本主要是指专利、品牌、企业文化等内涵，这里，本书将无形资本界定为人力资本、组织资本与客户资本的总称。这是基于购并活动对企业所产生的影响的角度来考虑的，购并涉及企业组织存在形式和社会关系的重大改变，这比对企业内部生产经营活动的影响更为重大，因此考察的重点应当放在企业组织存在形式以及企业社会关系的改变上。本书试图通过对“无形资本”概念的拓展与分类来实现对购并的目标企业从个体到集体（企业组织）层面，从内部结构到外部关系等不同层面、不同维度可能受到的诸多无形损害作以通盘考察和研究。因此，这里的“无形资本”既包括专利、品牌或企业文化等概念，又远远超出三者的范畴而拥有更宽泛、丰富的内涵，它更接近于组织知识资本或智力资本的概念。

1）购并对人力资本所产生的负面影响

企业人力资本具有两个十分重要的特性，一是个体潜在性，它是企业单个成员通过教育培训投资、医疗保健投资、劳动力流动投资等投资而形成的知识和技能，这些隐性的知识是个人所受教育、经验、对工作和生活的态度以及遗传等因素的综合体。企业对人力资本的不断投资可以在更高层次上激活企业的活力，可以使得企业获得持续的竞争力优势；二是组织依赖性，即个体人力资本的显现是与所在的企业和所从事的工作相联系的。而购并活动抑或使得企业本身发生了变更，抑或使得人力资本的作业对象——“工作”发生了变更，从而对购并双方的管理层与员工产生了诸多负面影响，人力资本不是孤立于组织资本而存在，人力资本对于组织资本具有一定的依赖性。因为企业的本质在于它是一种团队生产或长期契约的集合，而企业的团队本质又表现为人力资本与非人力资本之间的相互依赖性。在企业中，一些资源的价值依赖于其他相关的资源，任何一方的机会主义行为都可能使另一方的利益遭受损失；同时相互依赖的资源也是相互特异的，从而存在替代成本。为保护依赖性资源免于受损，团队成员只有缔结长期契约，以确保一个可预期的补偿。但购并的过程从某种程度上干扰了这种长期契约的延续，也破坏了人力资本对特定的组织战略、结构和文化的依赖性，毕竟，人力资本存量不仅是以自然属性的人为基础的，也同样是以社会属性的人为基础，人力资本对特定组织的依赖性是人力资本社会属性的一个重要表现，购并使得组织战略、结构及文化发生了变更，从而使得人力资本所依赖的社会环境及其本身与社会环境之间的匹配性发生了变故，构成了对人力资本的某种负面影响，从而在某种程度上影响了购并活动原本所可能产生的协同效应的无形收益，构成了一种无形成本。

从企业人力资本对组织依附性的观点出发，企业个体人力资本尽管在个人兴趣、志向、工作性质和职业价值取向等方面存在着个体差异性，但企业所具有的协作分工和行政组织的性质决定了企业人力资本在使用中不是按照个体差异而是按工作性质来进行分类和管理的。企业内部人力资本也是通过企业内部各种人才的数量与质量表现出来的。根据企业内部各种人才他们个人的特质、工作性质以及与工作相关的工作价值取向来分类，企业内部人才大体上可分为四种类型：

（1）专家型（Expert）：这类人一般具备某种特殊技术、知识或能力，并以此种技能或知识为依托，终生从事某一特定的职业。他们对成功的理解是获得更高超的技能或更独特的知识结构而不是在组织层级结构中获得更高的行政职位。

（2）直线型（Linear）：与专家型人才不同，这类人的职业追求就是沿着组织中的层级结构直线上升，谋取在管理职位上的不断攀升。为了更快地达到这一目的，这类人通常不会频繁地更换所从事的行业。

（3）螺旋型（Spiral）：这类人通常并不拘泥于某一特定的行业，他们更倾向于在相关行业中横向移动，以实现对自己相关技能的拓展，他们对新技能的学习也通常以自己在相关行业已掌握的知识为依托，实现相关技能多样化。

（4）往来穿梭型（Transitory）：这类人不将任何一种职业作为终生不变的追求，新鲜、刺激和变幻才能不断激发他们对工作的热情，他们每隔一段时间就往来穿梭于不同的组织、领域甚至不相关的行业。

那么购并活动究竟对这四种类型的人才会产生怎样的影响呢？

首先，一般说来，在购并整合的最初阶段，企业内部的非常规性工作（Non-routine Work）会大量增加，那么组织内部原来的固有规则、惯例甚至非正式组织关系都会在购并双方的互动过程中受到不同程度的冲击。这种变化对于不同类型的人力资本所产生的影响大相径庭，这一点可从表8-1中清楚地看出：这种变化对于直线型、专家型人才尤其是专家型人才的影响最大；而属于螺旋型和往来穿梭型的人往往乐于去适应这种变化。同样，工作的安全保障性（Job Security）也受到严重的威胁，尤其是对于专家型人才而言，技术上的不相容或差距显然是实现协同效应的最大障碍，随之而来的技术重组和系统变更使他们持续、平稳的工作环境受到了威胁，他们甚至面临着人员冗余而被解雇的威胁。而直线型人才的日子也不好过，他们以往优秀的业绩已成为历史，曾经对自己的管理才能大加赏识的老上级也许已经不复存在，此外，他们还不得不刻意努力去消除对方"非自己人"的偏见，为已经大为精简的管理职位奋力拼争。此外，购并后整合阶段所发生的种种变更还很可能扰乱螺旋型与直线型人才原有的职业计划，因为这两类人通常对于自己在组织层级的垂直方向或技能拓展的水平方向有其各自精心、有意识的规划。当然，所有这些变化对于往来穿梭型人才的影响都较小，这与他们自身的特点有关。为清晰起见，给出表8-1。

表8-1 **购并对企业不同类型人才所产生的正负效应一览表**

	专家型	直线型	螺旋型	往来穿梭型
非常规性工作的增加+	强负效应	负	正	正
工作安全保障性的降低+	强负效应			
晋升机会的减少+	强负效应			
对职业计划的扰乱	负	负	负	
=人力资本总损耗	强负效应	负	弱正效用	正
由购并引起的自愿离职+	很高	高	中低	低
人力资本的流动性	很低	中等	中等	高
=购并对人力资本的影响	勉强留下	自愿离职	较满意	满意的暂留者

资料来源：作者整理。

那么，不同类型人才对于购并所带来的变化和冲击又会作何反应呢？他们的反应又对购并后的企业整合过程有着怎样的影响呢？

首先，专家型人才，他们几乎是四种类型人才中所受负面影响最大的一类人，虽然他们固有的职业特性（对某一职业的终生追求）决定了他们通常不会轻易地决定离职，但他们也会产生较大的不满意感；长期来看，他们其中的一部分也可能在整合的后期被解雇，他们的这种不满意感或最终离职很可能导致组织技术性经验的衰竭。而对于直线型人才而言，无论是理论抑或是经验都表明，购并后的管理人员的自愿型离职率相当惊人，这些直线型人才的高离职率不仅不利于保持组织管理上的连续性和稳定性，长期而言，更可能导致组织管理资源上的衰竭。螺旋型人才可能是少有的、对组织变更还较为满意的长期幸存者。至于往来穿梭型的人才，他们虽然受组织变更的影响不大，但长期看来，他们自身的特点决定了他们最终还是会离开组织。所以，各种人力资源的大量离职又很可能影响员工对组织承诺的兑现和兑现程度。总之，员工被解雇、重新定岗、原本看好的晋升机遇化为乌有、既定的职业计划不得不重新更改，所有这一切都会严重影响到员工对购并后的组织承诺程度、能力与经验的投入力度以及组织激励的效果。而组织在技术性经验、管理资源和组织承诺等诸多方面的日益枯竭的最终后果就是组织整体能力的衰竭，而这种综合能力的衰竭也正是众多购并不能实现增值并最终失败的重要原因之一。

2）购并对组织资本所产生的影响

组织资本是企业运用其有形、无形资产创造利润的组织能力，企业中的个人得以更好地工作就依赖于这种组织能力，它本身是一种无形资产，是将组织的各种资本加以协调从而成为一个有效地开发、研制并向市场提供产品和服务的复杂资源网络的过程和日常程序，它主要表现在企业的规章、惯例、管理过程、管理哲学、企业文化等方面。这种组织资本具有企业个性化（Firm-specific）的特征，嵌入在特定的组织情境之中，通过组织资本，可以了解企业在组织层面上的综合能力；组织资本具有一定的默会性特征，它主要通过多人的互动参与而体现出来，文字或口头表达的方式都不足以全面精确地展现其精髓之所在；不同形式的组织资本之间又存在着千丝万缕的联系，组织所倡导的例行做法往往是组织文化的具体体现，而组织文化与组织的经营哲学又必然存在着某种一致性和相容性，它们共同嵌入于更广泛的组织情境之中。组织资本将个体的人力资本转化为组织资本，是人力资本转化为财富的基础，人力资本只有经过组织资本的整合才能上升为有效的智力资本。组织资本是一个企业的骨架和黏合剂，是人力资本得以发挥的基础。组织资本能使企业安全、有序、高质量地运转，能为企业职工工作和彼此交流提供一个大环境。因此，企业资本必须不断地调整，以适应市场和工作的需要。组织资本会受到来自组织内外变化的多重冲击，因此，不能定期审查组织资本价值和效能的企业，将会失去在市场上获得成功的优势。

以知识为基础的理论认为，获得默会性资源往往是购并的主要目的之一。企业原有的规范、程序、管理过程、组织文化等组织资本能够提高组织的效率和有效性，但组织资本作为一种无形资本，并不意味着任何企业经过努力都可能具备，这种组织能力是一种社会化的工程，它是在另一种组织情境之下所难以模仿的。如果一种资源具有默会性和社会复杂性，那么，通过购并将其内化的方式不失为获得这种资源的一种有效方式。然而，两个企业合并之后应该如何将其各自具有的，甚至可能迥然相异的，以组织规范、程序、管理过程等形式存在于组织结构中的知识和组织记忆等默会性知识进行整合，往往是企业所面临的一个重大难题，企业原有的组织规范、程序、管理过程和通行做法既可能为购并后组织的平稳过渡提供路径依赖，也可能成为组织进一步发展的桎梏，有碍于组织进行全新的创造性活动。购并双方企业原有的组织规范、程序、管理过程和通行做法等组织资本对于购并后的企业具有这样双重的效应，反过来，购并后的企业面对两种不同形式的组织资本，也面临着双重难题。

Thomson与McNamara（2001）甚至认为，所有的管理问题就是一个有待解决的两难处境（Dilemma），而不是一个需要做出的决策。对于购并活动而言，管理者所面临的一个亟待解决的两难处境就是如何在不破坏购并双方原有的特色（包括企业所独有的知识、资源和能力等不同形式的组织资本）的前提下迅速、有效地将两者加以整合，以实现协同效应。之所以将之称为两难处境是因为，一方面，有效的整合在某种程度上就意味着要抑制甚至消除双方原有的特色，通过两者的磨合进而实现一体化、趋同化；而协同效应的真正实现在某种程度上又仰仗于这些独有的特色对于整合后新实体的独特贡献，也就是说整合后新实体要求企业拥有独一无二的知识、资源与能力，不断地向其注入新鲜血液和活力。管理者们就在这种创造、协调、重构和保护资源的两难处境中挣扎，他们既要保留这些原双方企业独到的智力财富，又要将其融合、改造进而升华为一种新的知识资本，大量购并失败的实例在某种程度上表明了其难度之大，而对于原企业，特别是目标企业知识资本的未充分利用甚至摈弃更是形成了购并失败的一种隐患，从而弱化了实现价值增值最大化的可能性。

3）购并对客户资本的负面影响

企业的客户关系对企业所具有的价值被称为客户资本，它是企业所拥有的关于市场渠道的知识和企业所建立的外部关系。这里的顾客是一个内涵和外延较广的概念，主要包括客户、供应商、政府部门和相关的行业协会等，其实质就是体现在企业与外部关系中的知识。不论企业在其他方面多么优秀，最终的利润都是通过向客户提供产品和服务而实现的。如果企业的产品和服务不能被客户所接受，则企业将不能实现其价值，组织变化对于客户资本的负面影响如果不受到充分的重视就会削弱组织的价值增值能力。因此，强大而忠实的客户群体对企业发展有着至关重要的作用。特别是随着企业间组织理论（Inter-organizational Theory）的发展，组织理论的研究重点已经从以单个企业为中心向多个相互关联的企业间的互动研究延伸。这种对组织间关系的研究使我们对威廉姆森所提及的市场形式、行业、分配体系以及交易等概念的理解得到进一步的延伸与提高。对于企业外部关系，如供应商及顾客的研究应该也必须受到广泛的关注。

传统的市场理论模型假定市场交易是发生于买者与卖者之间的独立性事件，而组织间理论引起了人们对独立的经济实体之间所建立的长期关系进行了重新的思考，这种理论对于“时间”这个概念给予了特别的关注，该理论认为，经济实体之间的“关系”是经过较长一段时间形成和培养出来的，由于任何一种关系都通常由两个经济实体组成，所以，这种“关系”绝不是单边决策的产物，所以这种“关系”并非一次行为或由单方努力而构建起来的，而是随着时间的流逝逐渐演化而来。同时，这种由双边经济实体互动所形成的关系使得这种“关系”带有社会属性。双方靠时间和资源来建立、维系和发展这种“关系”。因此，这种“关系”可以被看成是一种对市场的投资行为，企业通过时间与资源的投入而建立起来的这种关系使得企业得以通过一种更有效、更便捷的途径获得所需的市场性资产（Market-based Assets，包括顾客关系、流通渠道、合作伙伴关系等）。当然，以前和将来的外来参与者都可能对这种“关系”造成积极或者消极的影响。这种“关系”也就是本书所要研究的客户资本。

然而，就购并这一活动而言，人们在相当长的一段时间内似乎更关注的是购并双方在战略和组织上的匹配程度，在购并的整合阶段，也更侧重于企业内部在组织结构、文化和人员等方面的整合，而往往忽略企业对外部关系的整合，尤其是忽略了目标企业与其生存环境之间的相互依赖性，还远没有上升到将这种外部关系视为一种可以带来利润的资本的高度。侧重于购并外部整合分析的“客户资本”概念的引入，对于众多的以组织、文化和人员整合为主的内部整合分析是一个必要的补充。

除了购并双方管理层对于外部关系整合的重要性的认识不足外，企业外部关系本来就是一个涉及多方利益、多种要素和多个环节的复杂现象。此外，购并本身亦是一个必须同时面对不同利益团体、同时处理各种利益关系的复杂活动，由于购并活动本身的这种复杂性，购并的决定直到正式宣布之前的谈判都是秘密进行的，这种秘密进行的磋商、谈判会直接导致供应商与顾客的不信任感，这种不信任感甚至在购并后的整合阶段仍难以完全消除。而且，购并双方原有的客户从正式的途径无法得到可靠的信息也无形中增加了他们诉诸非正式渠道甚至谣言的可能性。这种由于谈判阶段的保密所引起的信息不完全、沟通不畅直接导致了购并全过程存在着一种系统的、沟通上的缺口。这个缺口又极有可能给随后的外部整合活动带来进一步的障碍。1999年斯坦福大学、2000—2002年哈佛商学院的客座教授、购并问题的专家Jansen（2000）的研究表明，“一般说来，企业在购并之后所损失的顾客资源（狭义的“顾客资源”，即消费者）高达5%~10%；就供应商而言，他们普遍认为，自己与购并企业之间的关系似乎是一种零和博弈的关系，购并企业实现成本上的协同效应就直接意味着供应商在利润上的减少，所以供应商一般会直接或间接地提高价格，这必然会导致客户资本的减损甚至不复存在。”

8.4.3 智力资本损耗的保护与开发

1）人力资本的保护和开发

就人力资本而言，一般说来，不同类型的人力资本，应采取不同的激励模式。对于人力资本的保护，不能一味地依赖于优厚的报酬或晋升的机会，而要结合人力资本的不同特性为员工提供他们喜爱的工作和恰当的发展机遇来展示其个性，使他们真正感受到工作的乐趣，并认识到自己对公司的贡献。对于专家型人才，考虑到他们对某一技能和行业的终身热情以及对于“稳定性”的特殊需求，企业应为他们提供深入开发其某一专项技能的良好环境和在这一领域纵深发展的可靠保障，以换取他们对组织的无限忠诚，同时注意对专家型人才现存价值增值能力的开发和挖掘；而对于直线型人才，企业应为他们提供能够施展其领导才能的广阔天地，并保证他们有公平的晋升机会和适当的行使权力空间；对于螺旋型人才，企业应尽量为其提供不断完善自我、开发和学习相关技能、施展其创造力的机会，并通过他们向相关领域扩展的过程，提高企业的适应性和应变能力，使他们成为购并双方企业融合的桥梁和纽带；至于往来穿梭型人才，企业应充分考虑到其对于“新颖”和“变幻”的特殊需求，给他们创造发挥其创造力和想象力的空间，让他们承担起整合阶段一些短期、新颖性特征明显的任务。此外，如上对于人才问题的分析也从另一个侧面告诫我们：企业包容各种类型的人才是十分必要的，即便是稳定性相对较差的螺旋型和往来穿梭型人才对于短期内企业平稳过渡或适应变化能力的提高也大有裨益。而对于稳定性较强的专家型人才，无视其技能的现存价值，一味地强迫其在短期内迅速改变只能适得其反。无故裁减或降职直线型人才不仅不能体现组织公平的原则，还凭空增加了竞争对手的相对吸引力，很可能引起直线型人才“倒戈”，给企业带来严重的后果。

2）组织资本的保护与利用

面对购并给组织资本所带来的两难境地，组织首要的任务就是在如何开发与利用双方企业现存的能力和资源的过程中找到一个平衡点，“利用”与“开发”失衡必然给企业带来灾难性的后果。购并方对目标企业的组织资本完全忽视，对其中较为科学合理或尚有发展潜力的部分弃之不用固然不对，但同时，企业也必须谨防能力陷阱，认为企业过去既存的能够带来好的绩效的组织能力也同样可以反复适用于已经变化了的新环境，不断开发和建构新的组织能力是企业赢得持续竞争力和保持活力的根本所在。

再者，一般说来，购并企业倾向于仅对目标企业与自己相似的组织能力予以保留，而对于目标企业独具特色的组织能力，一方面购并企业往往难以辨别出其真正的价值之所在，另一方面保留企业原来特有的组织能力就意味着协调与整合的力度和难度更大，殊不知这种独特的组织能力很可能为组织提供潜在的竞争优势，特别是在变化的环境当中，企业不断补充新的组织能力可以使其保持一种动态的能力。Teece（1997）将这种动态能力诠释为企业持续学习、适应、调节和改造的能力，这种能力也正是作为知识集合体的智力资本的真正魅力之所在。通过保留和适当改造异质性组织能力，企业甚至可以创造出同等资源条件下其他企业所无法实现的协同效应，Barney（1991）将这种同等资源条件下由于不同的组织能力所实现协同效应称为“独特的协同效应”（Unique Synergies）。Harrison等运用实证的方法进一步验证了这种由于不同的组织能力所产生的“有价值的独特的协同效应”（Uniquely Valuable Synergies）存在的可能性。Karim和Mitchell（2000）也将之称为路径突破型变化（Path-breaking Change），他们进而将这种路径突破型变化同路径依赖型变化（企业依赖于相似性组织能力给企业带来的变化）相比较，认为这种路径突破性变化是企业实现核心竞争力和动态能力的重要源泉之一。

3）客户资本的保护与开发

对于客户资本无论是在购买目标企业之前还是在购并后的整合阶段都必须予以密切的关注和充分的重视。购买目标企业之前的工作主要是对购并双方的客户资本作以通盘的考察和客观的评估，并从不同角度、多个层面上就购并对于客户资本所可能产生的影响进行预测。企业如果想要获得这种由客户资本所带来的潜在收益，首要的就是从思想意识上有一个充分的准备，并从高层领导团队本身做起，愿意相信并客观、科学地断定这种现存的客户关系是否具备一定的价值、能否得到充分的利用，进而给企业带来价值增值。

而购并后的整合阶段是客户资本整合的真正实施阶段，这一阶段，企业必须完成后向整合与前向整合的双重目标（如图8-5所示）。后向整合主要是企业对购并双方各自的供应商体系进行综合设计与改进，同他们进行公开、友好的沟通与交流，结合购买目标企业之前的评估结果进一步评估协同效应实现的潜在可能性。此外，企业还要在一些具体细节上（如对供应商体系所提供的原材料的质量标准）做出明确、统一的要求，从而完成一个从宏观到微观各个方面的资源整合和关系调整。同时，企业的营销部门、销售部门和后勤部门应重新对消费者、市场和产品进行市场细分，并直接与关键性客户建立联系，同时协调自己将要提供的产品质量标准，保证为客户提供高效、优质的服务。同时，对销售和营销部门进行全面培训，提高其综合素质和对新环境的适应能力。企业对于零售商客户也应予以充分的重视，通过客户反馈、建立顾客委员会、提供售后服务热线和提供承诺等形式，了解顾客需求和意见，同时，通过这些宣传和推销活动，也让客户充分了解整合后的新组织，使组织赢得更多客户的长期依赖与合作，进一步提升其综合优势。

此外，还需特别提及的一点是，即使企业在购并前的谈判阶段、购并后的整合阶段都对客户资本给予了充分的重视和较为全面的策划活动，但也仍可能出现一些无法预料的客户资本的损耗，因为整个市

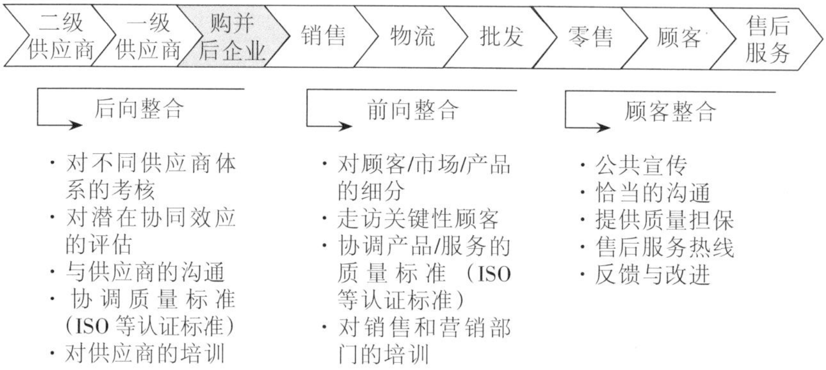

图8-5 购并后整合阶段的客户资本整合

场就是一张网，供应商还拥有他自己的上游供应商（二级供应商）、顾客也还有他自己的下游顾客，他们彼此之间的互动和对购并企业的不同预期也同样会对企业产生一定程度的影响，所以应该将这些不确定性因素考虑在内，给企业留有充分的回旋余地。

4）人力资本、组织资本以及客户资本的协同发展

当然，企业的人力资本、组织资本以及客户资本三种形式的智力资本之间也并不是彼此独立、毫不相关的。如图8-6所示，人力资本既是组织资本的基本来源和基本要素（它向组织资本贡献多种不同的显性知识和隐性知识），又是将组织资本付诸实际以体现其精髓和功效的实践者。组织资本将个体的人力资本转化为组织资本和组织能力，是人力资本转化为财富的基础，人力资本只有经过组织资本的整合才能上升为有效的智力资本。但组织资本绝不是人力资本的简单叠加，它是在组织层面上对人力资本的一种升华，是组织之所以高于个人的组织能力的体现。购并活动中，保持组织资本的必要多样性，有助于培养企业的动态能力和核心竞争力。而丰富的组织人力资本和组织资本无疑增加了组织对于客户所可能具有的价值，增加了组织的外在吸引力。同时，组织与客户之间保持一种合作、信赖、灵活并具创新的关系又使得人力资本与组织资本扩大了发挥和回旋的余地。三种资本之间存在着一荣俱荣、一损俱损的依赖关系。因此，将三种资本整合起来，协同发展才是企业的长期利益之所在。

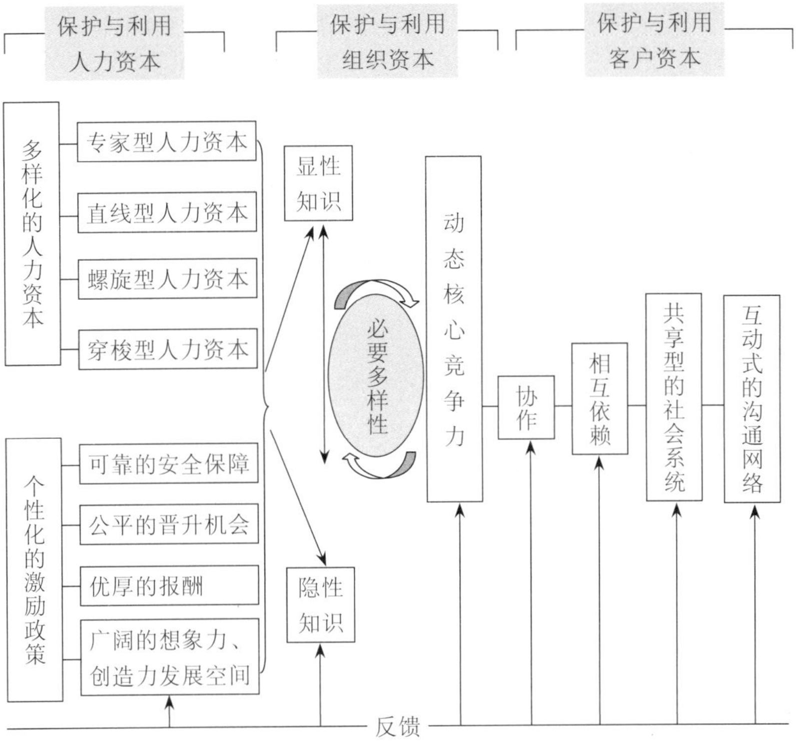

图8-6　人力资本、组织资本以及客户资本的协同发展

资料来源：作者整理。

购并是一个极其复杂的过程，有形价值的产生并不能真正保证协同效应的实现，购并对于人力资本、组织资本以及客户资本等无形资本所带来的负面影响显然已经构成了一种隐性成本，并严重抵消了协同效应所可能带来的收益，企业整合如果无视这种隐性成本，就必然面临着潜在的隐患和失败的威胁。知识经济时代，任何一个企业都负担不起由于忽视这种对无形资本的保护和积累所可能带给企业的巨大损失。这种损失可能是无形的，但却是长期的、难以弥补的。因为这些无形资本往往具有稀缺性、难以模仿性与功能的创造性等特点，是企业持续的竞争优势之所在。因此，企业在购并整合过程中，尽可能减少无形资本的损失，加强各种形式无形资本的积累，才能真正实现协同效应，进而真正实现购并企业与目标企业联合创造价值的购并目标。

9 协同效应的逻辑剖析与延伸

9.1 对协同效应的不同理解

“协同效应”作为协同学理论的一个核心概念，指在复杂性系统中，各要素之间存在着非线性的相互作用关系，当外界控制参量达到一定的阈值时，要素之间相互联系、相互关联代替其相互独立、相互竞争而占据主导地位，从而表现出协调、合作，其整体效应增强，系统从无序走向有序状态，即“协同导致有序”。

从企业购并的整个系统来看，企业的购并系统是开放的，它一方面要通过物质、信息、能量这类载体，调整购并企业自身；另一方面要响应政府、客户、媒体、信息等都对企业运作效果共同起着作用的外部环境，不断提出改革发展的要求。企业应根据企业生存状况，不断创造条件，使购并企业双方都有购并兴趣、购并欲望，使企业各要素之间相互联系、相互关联并表现出协调、合作，增强其总体效应，形成一种积极主动的购并行为，从而实现购并企业由无序到有序，实现复杂系统的协同效应。企业购并的目的是获得和有效整合企业发展所需的各种资源，发挥购并企业双方的整体效应。运用协同效应这一原理和理论成果，对于探索企业购并危机的解决举措，顺利地突破新进入行业的壁垒并减少企业的购并风险，具有特别重要的意义。

早在60年前，协同就已成为企业战略中的重要概念。20世纪60年代，战略管理之父安索夫将协同效应描述为“2+2=5”，他在《公司战略》一书中认为战略主要包括四种要素：产品市场范围、发展方向、竞争优势和协同。协同要素用来强调企业如何通过识别自身能力与机遇的匹配关系来成功地拓展新的事业。日本战略专家伊丹广之认为，“通俗地讲，协同就是搭便车，当从企业一个部分中积累的资源可以被同时且无成本地应用于企业的其他部分的时候，协同效益就发生了。当若干领域可以同时使用某种资源而不会影响其他领域对这种资源的使用时，协同效应就产生了。互补性资产主要是通过对可见资产的使用来实现的，而协同效应则主要是通过对隐形资产的使用来实现的。”他在《启动隐形资产》一书中对协同进行了比较严格的界定，把安索夫的协同概念分解成“互补效应”和“协同效应”两部分，他心中的协同是一种发挥企业资源最大效能的方法。伊丹把资源划分为实体资产和隐形资产两大类。通过提高实体资产使用效率来节约成本或是增加销售的方式被他称为互补效应，而共用隐形资产则产生协同效应。

而哈佛商学院的著名营销学教授罗伯特·巴泽尔则认为，“相对于对各独立组成部分进行简单汇总而形成的业务表现，协同创造价值主要有四种：对资源或业务行为的共享市场营销和研究开发的扩散效益、企业的相似性以及对企业形象的共享。”20世纪80年代，著名战略学家迈尔克·波特指出，对公司各下属企业之间的相互关系进行管理是企业战略的本质内容，他强调通过分析各个下属企业的价值链，识别出相似的业务行为及它们间的相互关系，并据此构造公司的竞争优势。20世纪90年代，一种基于资源观的理论认为，公司是由包括竞争力、知识、技能等一系列有形资产和无形资产组成的，正如加里·哈默和C.K.普拉哈拉德在他们的获奖文章《企业的核心竞争力》中指出，发展不同下属企业可以共享的技术或其他方面的竞争力是成功企业的主要战略目标。

在过去60年里，众多专家不断强调协同。学者们对协同效应的理解还包括：

（1）侧重于规模经济效应的协同效应分析。干春晖、刘祥生（2000）在其专著《企业并购理论与实务》一书中认为“协同作用（Synergy）是指两个公司兼并后，其实际价值得以增加。其依据是当两个公司在最优经济规模之下运作时，兼并后可以受益于规模经济”。这种界定方式更主要的是从经济学的研究视角，把购并理解为市场机制作用下，企业通过产权交易获得其他企业的产权，并获得控制权的一种经济行为。也就是说，购并作为一种经济行为的价值增值方式之一就在于规模协同以及由同类资源的规模扩张所产生的成本节约。

（2）协同效应包括经营协同效应和财务协同效应。国内学者王宏利（2005）在其专著《企业并购绩效与目标公司选择》一书中持这一观点。王宏利认为协同效应存在的关键因素是目标公司控制着某种特殊资源，如果与出价公司资源相结合，将产生更大的价值（即价值增值），而这种更大价值就是购并给企业生产经营活动在效率方面带来的变化及效率的提高所产生的效益。作者进而从财务会计的视角出发，针对如何评估协同效用的价值提出了一种价值评估方法并予以示例说明，是一种针对协同效应的实证分析。

（3）协同效应包括管理协同效应、经营协同效应和财务协同效应。Weston（1998）在其著作《兼并、重组与公司控制》中有所论述。作者采用案例分析的方法，将理论与实务相结合，着重探讨了购并以后公司内部在运营、管理、控制以及监管等方面所应采取的变革措施。作者的这种界定方式也主要是基于这种研究框架，围绕着这些研究内容而展开的。

（4）协同效应包括经营协同效应、管理协同效应、财务协同效应以及无形资产协同效应。包明华（2005）在其专著《购并经济学：前沿问题研究》一书中持这一观点。事实上，无形资产的协同已经越来越多地得到了学者们的重视，而且除了传统的商标、品牌、商誉等无形资产，许多学者（原毅军，2007；高良谋和高静美，2004）还将无形资本的内涵扩充到“智力资本”，针对企业的人力资本、组织资本和客户资本等诸多方面对购并后如何实现协同放大效应进行了探讨。

如上，所有这些界定方式着眼于不同视角、从不同侧面对协同效应进行了阐述，使得协同效应的内涵不断深化和丰富。概括来说，这些基本的界定方式都属于一种静态的研究视角。“协同”虽然广泛存在于各种经济社会问题的研究中，却仅仅是作为一个简单的范畴，人们对此远未达成清晰的共识。某些基本的界定方式存在着某些理论上的不足和实际运作上的局限性。无论是表述为“1+1>2”“2+2>4”“2+2=5”还是“2+2>5”，其实都是源于安索夫的协同概念或协同学的协同概念，都是形式化地表达整体效益大于各独立组成部分总和的效应，仅仅是停留在系统结构和比例关系的静态层面上。事实上，目前人们对于协同效应的理解还比较模糊，有关研究企业如何利用协同效应的文献也很少见，就连波特本人也承认当前对于协同效应的研究还只是一种艺术形式。巴泽尔和吉尔也曾指出，协同不同于各独立组成部分进行简单汇总而形成的业务表现，而是一种企业群整体的业务表现，它是通过相关性、共享等方式联结起来的，它需要更深入地分析。

实践中，协同效应的巨大潜在效能使企业趋之若鹜。然而，取得协同效应之艰难，也使企业望而却步，甚至对协同产生怀疑，陷入“协同陷阱”。事实上，协同原理的普适性和效应的客观存在性毋庸置疑，实际运用中之所以产生天壤之别的效果，关键在于对协同效应的基本内在逻辑机理、产生机制和实现的方式方法等方面存在着不同的理解。著名的战略学家迈克尔·波特就曾指出，协同的失败不是因为概念本身存在缺陷，而应归咎于企业未能真正理解和正确地实施它。

因此，从战略管理角度分析并揭示企业购并的协同机理，进一步延伸和拓展其基本逻辑思路，从而更好地指导企业识别、利用和创造协同效应。在此基础上，进而使企业通过购并这种形式真正取得基于协同效应所产生的、不易被模仿的长期竞争优势，具有理论和实践的双重意义。

9.2 购并协同效应分析

9.2.1 假设前提

如上可以看出，协同效应理论对于购并研究有着十分重要的理论价值。只有研究协同效应，才能真正了解到购并后，生产和管理的各个环节之间、经济规模和成本之间、市场份额和营销各个领域的内在联系，才能真正地促使企业充分利用兼并双方的资源优势，降低成本，提高效益，才能实现购并的目的。然而，实践中，并不是所有的购并都是以协同效应的实现为目的的，协同效应与购并研究的关联性也必须基于一定的前提假设条件。

假设一：企业购并的基本形式是战略购并。

企业购并从动机出发可分为战略购并和财务购并。罗宾逊和彼德森（Robinson和Peterson，1995）从传统的竞争战略出发，将战略购并定义为“主要目的是通过加强公司在细分市场上的竞争地位创造企业价值的购并”。战略购并是从企业发展的战略目标出发所进行的购并活动，是企业总体战略的一个重要组成部分；而财务购并是为了将来某个恰当的时机在市场转让或出售，以博取差价。因而本书对购并成功与否的界定也并不针对购并日前后短时间内窗口的超额收益，购并日前后短时间窗口的超额收益并不能反映出购并对公司价值的影响。也就说，只有在战略购并中，当企业购并的主要目的在于永续经营和获得持续的竞争优势、在激烈的市场竞争中谋求长远发展时，才有可能实现协同效应，也才有谈及协同效应能否实现的必要性。

假设二：企业购并的目的是实现价值增值。

从公司实践来看，有的购并的确能够创造价值，但也有的购并不能创造价值。Haspeslagh和Jemison把不能创造价值的情况叫作“价值聚集”（Value Capture）。它是指公司的价值从原来的股东或利益相关者那里聚集到购并后的新公司那里。新公司的价值的确是增加了，但从社会来看，价值只是发生了转移，并未在总量上发生变化。价值聚集是一种一次性的交易活动，其直接目的并不是交易结束后企业能力的重组与整合，而是短期的（更准确地说是眼前）财务业绩的改进或公司内部利益相关者的权利与利益。人们通常所说的杠杆收购和绝大多数公司重组的形式，如售出、分立等资产剥离的形式，溢价购回停滞协议、反接管条款修订、代表权争夺等公司控制的形式，以及交换发盘、股票回购、转为非上市公司等所有权结构变更的形式，都属于“价值聚集”。价值创造（Value Creation）则是完全不同的情形。从最一般的意义上说，价值创造是把公司看作一个能力的集合，企业的各种能力综合起来为公司的利益相关者创造价值，并以此决定公司的竞争位势。在同一个行业中，创造价值越大的公司，就具有越强的竞争优势。

购并情况下的价值创造是参与购并的双方管理人员和其他员工同心协力、相互作用，促进和实现扩大了的企业能力的转移与重组，是一种从根本上改善公司产出的长期性行为。价值创造的目的不在于改变利益相关者的利益结构，而在于通过企业能力的重组与整合来创造新的价值增量。因此，协同效应是价值创造的结果，只有当参与购并的双方公司的要素及能力整合使得新公司的竞争优势得以上升，并相应地改进公司的业绩时，协同效应才会发生。这是购并后的协同效应得以实现的最为根本的内在逻辑和基本前提之一。只有从这样的逻辑上去理解协同效应，去营造双方能力转移与整合的氛围，去识别协同的机会，去构建协同的技能，更强竞争优势的协同效应才能实现。

9.2.2 逻辑内涵拓展

企业购并已经成为现代经济生活中的重要组成部分。理论上，不同学科关于购并协同效应的产生机制往往互相矛盾，甚至同一学科内关于购并协同效应的理论结果与实证结果也常常不一致；实践中，大部分企业购并也并未产生人们所预期的协同效应。这种混乱的局面表明：需要探索新的研究思路来重新认识和深化企业购并协同效应的基本内涵。

由于企业是一个高度复杂的组织，企业购并产生协同效应的过程又是企业向更复杂、更高级的组织形式进化的过程。所以，本书试图运用整体哲学观的思考方式，将企业购并视为复杂组织的演化过程，从多维视角探讨协同效应的基本内涵并对其加以拓展，使其得到深化和丰富。本书认为协同效应的分析至少应从以下三种不同维度加以拓展，如图9-1所示。

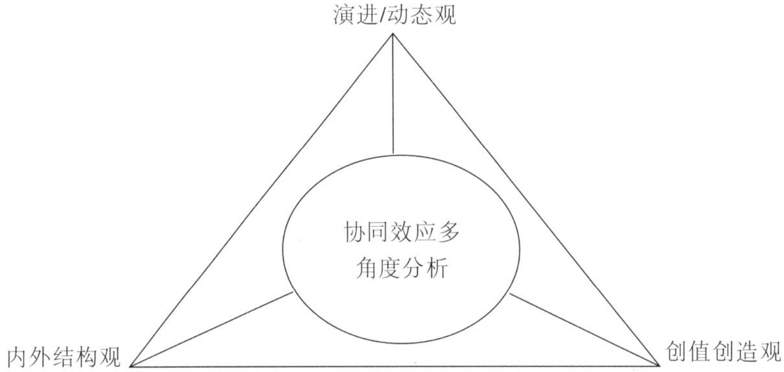

图9-1 协同效应内涵分析

1）内外结构维度

从内外结构维度看，购并协同包括内外协同和内部协同。所谓内外协同是指购并后作为一个整体的新的实体企业与外界的互动适应过程，即企业对外界变化的反应和把握能力。例如，新实体根据需求变化及时调整或对竞争对手动态调整迅速做出反应的能力。而内部协同主要是增强一个新的实体企业内部各业务之间的匹配，使之实现增值。这两类协同主要用于解决信息决策所导致的不确定性问题，通常用来改进或解决企业在不确定性的市场环境中所面对的决策复杂的困境，而这种决策复杂性来自双重意义上的信息不对称：其一是决策者所处的外部市场环境所带来的预测信息的不对称性，可借助联盟、外包、合作等方式实现内外协同；其二是企业组织中各成员所拥有的交流信息的不对称性，这是专业化所固有的问题，可通过治理、控制等实现一定程度的内部协同。

2）演进/动态维度

从演进/动态角度上，协同效应包括静态协同效应和动态协同效应。静态协同效应主要考虑短期内结构上的协同效应，强调的是购并后某一时点上的效应。这种协同效应就是一般意义的协同，是一种在相似条件下通过共有资源以获得的“类租金流”，既有业务单元分工效率的匹配，又包括诸多功能上协同，如利用彼此的营销和分销网络来增加收入的销售协同，通过统一采购降低原料成本的采购协同等。这种意义上的协同效应更多的是将企业视为一个静止的点，而没有考虑本身所可能具有的发展潜力和创新能力。而动态方向上的协同效应就不仅仅局限于短期效率的协同，它要以提高个体创新能力进而提高总体的竞争优势为目标，旨在培育长期的竞争能力，对购并后的企业低成本运行、提高市场份额和增强开发创新能力都将产生长期的积极影响。这种动态协同效应实质上是企业的积累性知识的循环增强和平衡过程。动态协同效应观侧重于将企业视为一个发展的实体，强调在考虑了购并双方企业本身的发展潜力后，购并后所形成的新实体的发展潜力和创新能力较之购并双方企业单独存在所具有的发展潜力之和仍有盈余的部分。这种发展潜力上的盈余使得企业具有长期稳定的竞争优势、使企业可以获得长期稳定的高于平均利润水平收益的竞争力。

对企业长远发展而言，动态协同较静态协同更为重要。这种视角下对协同效应的考察以企业的永续经营为前提，以培养发展潜力和创新能力的盈余为目标，通过持续的学习过程使得互补式竞争优势在双方企业之间转移，旨在提高企业的动态生存能力、发展潜力以及对经营环境的控制力，最终实现企业长期利润的最大化。这种动态协同效应的产生使得企业的竞争能力具有独创性、不断更新性、系统性和难以模仿性等特征，比起购并双方企业个体靠自身缓慢积累相关知识、独立提升竞争力和发展潜力要便捷、快速得多，是一个无论在深度、广度和持续时间等多个维度上来讲都有所盈余的发展潜力和创新能力的动态增长过程。

3）价值创造维度

除上述两维度外，协同效应的核心即最重要的内涵是它的价值创造维度，称之为价值创造观。伊丹广之认为，“协同就是搭便车”，当从企业中一个部分中积累的资源可以同时且无成本地被应用于企业的其他部分的时候，协同效应就发生了。实际上这是一种节约资源和成本的观点，通过避免资源浪费和有效利用共有资源达到协同。这无疑属于规模经济和范围经济的范畴，是一种“折中”的协同，而并非完整意义上的协同。此外，这种“协同效应”的发挥是被动的、有限的，也就不可能无限扩大。本书认为，企业利用协同的最一般目的，并不是降低原有成本，而是在不增加额外的固定投入的前提下，以较快的速度，使各经营单元通过有效组合创造出更大的价值增值。而这一增加的价值是各经营单元独立存在所难以获得的，这种隐含创新的价值创造机理才是协同效应潜力无穷的根源。如果定性描述起来，协同则是通过各方的资源共享、能力和知识的转移来创造价值，也就是依赖对各方的调整和合作实现新增价值。因而，协同效应要比规模经济和范围经济内涵更广，不仅要包含增加了的销售收入、降低了的运营成本、压缩了的投资需求，还要包含经营单元的自身创新能力的增强及集团整体价值创造速度的提升，这才是真正意义上的协同，更是协同效应的“核心”体现。

如前所述，协同效应的内外结构观、演进/动态观和价值创造观使我们初步理解了协同效应是一种复杂的平衡过程，简单地表述为系统结构和比例关系无助于协同效应的实践。尤其值得关注的是协同效应是一种内涵丰富的价值创造能力，它既是企业实现跨越式成长和扩张的重要途径，也是诸如企业集团这种组织形式存在的重要基础。因此本书认为，协同的核心就是从企业异质性出发在动态中实现整体价值大于独立个体加总价值的价值增加和能力提升。

9.2.3 购并协同效应的主要来源

如上所述，实现价值创造并进而实现协同效应是众多购并活动的一个核心目标，但目前对于购并究竟能否创造价值，仍然存在着诸多不同的争论，认为购并不能创造价值的观点所持的依据主要是由于大多数购并并没有取得明显的绩效。那么，购并的协同效应究竟源于何处？企业通过购并所试图实现的价值增值基点又最可能源于何处？对于购并协同效应来源问题予以解答，这对厘清某些认识误区，真正实现协同效应有着重要的意义。企业只有在购并中注重识别、考量并开发这些来源要素，才有可能最大限度地挖掘协同效应实现的潜质，从而提高购并的成功率，并改善企业的绩效。

对于购并协同效应的来源问题，国内外学者从不同的角度进行了研究：

1）购并协同来源的价值分析视角

国内学者段淑芳（2006）从投资成本分析的视角探讨了购并协同效应价值来源，认为多数的企业购并之所以失败，除了运气不佳之外，主要是因为价格太高，很难收回投资。所以，她提出了三个购并协同价值的主要来源：第一，提高收入；第二，降低成本；第三，合理避税。

具体说来，收入的提高可以通过销量的增加实现。通常合并后的企业面向更广阔的市场，或者提供更丰富的产品线，或者两者兼而有之，从而有效地促进销售的增长。收入的提高也可能来源于某些产品的价格的提高，尤其当收购创造了战略优势，如成为某项技术或产品的独家供应商。而生产成本的降低则可以通过兼并对企业的资产进行补充和调整，达到最佳经济规模的要求来实现。这主要是由于购并完成后，不变的固定成本及高层管理费用等可以在更大规模的产品中分摊而造成的单位产品成本降低。可以节省营销费用，利用同一销售渠道来推销可以节约营销费用。通过购并可能实现交易成本的节约。当市场交易成本较大时，企业进行纵向购并，使外购产品成为内部交易，有效地降低和节省了市场上发生的交易成本和费用。企业规模的相对扩大也使得企业的直接筹资和借贷都比较容易，一方面降低了资金成本，另一方面也使其有足够的资金来适应环境和宏观经济的变化。此外，购并协同效应还有可能来源于税收方面的收益。由于不同类型的资产对应着不同的税率，并且股息和利息的收入、营业收益和资本收益的税率都存在很大差别，所以可在税法允许的范围内通过某些会计处理惯例来合理避税，从而获取财务上的协同效应。

2）购并协同来源的职能分析视角

国内学者宋耘（2007）认为，从职能的角度来分析协同效应的源泉是一个更具有系统性的方法，他将购并后企业的主要职能分为购买、制造、营销、管理和研发等，详见表9-1，宋耘将不同职能的协同效应的来源归纳为：

表9-1　　协同效应的职能性源泉

职能源泉	协同效应
购买	购买价格下降 交货期缩短
制造	制造成本下降 工艺水平上升 制造流程得到改进
营销	获得新的营销网络 获得新的营销技能 销售成本下降
管理	获得新的管理技术 计划/决策制定/执行/控制等水平提高
研发与技术诀窍	技术和研发能力得到提高

资料来源：作者整理。

3）购并协同来源的类型分析视角

比较有代表性的观点还有著名学者拉森（Larsson）的观点。Larsson（1989）认为静态的协同效应可能来源于规模经济（每单位减去成本后的增加）或互补性（不同的各部分互相支持）；而过程的或称之为动态的协同效应则有可能来源于经验经济（学习曲线等）或速度经济（生产的及时性等）。后来，Larsson（1990）又采用了美国商务委员会（FTC）对购并的分类，分析了与各类购并相关的正协同效应的源泉。不同购并类型的正协同效应源泉见附表9-2。

表9-2　　不同购并类型的正协同效应源泉

购并类型 / 正协同效应的来源	横向购并	纵向购并	多元化购并		
			市场扩展	产品扩展	非相关多元化购并
规模经济性	√		√	√	
经验效果	√	√	√		
纵向一体化		√			
市场力量	√			√	
多元化				√	√

资料来源：RIKARD LARSSON. Coordination of action in mergers and acquisitions [M]. Lund: Lund University Press, 1990.

4）购并协同来源的战略分析视角

如上三种分析视角，从不同侧面对购并协同来源进行了解析，三种研究视角一方面反映了研究者本身的研究偏好和学科背景，另一方面也间接地反映了购并协同来源这一问题本身的高度复杂性和多维性。事实上，三种研究视角既有一定的差异性，又存在着某种关联性。其中，将购并协同源泉的职能分析视角与拉森的类型分析视角相比，可以发现，规模经济性和经验效果广泛体现在各职能性源泉中，但市场力量、纵向一体化和多元化则没有涵盖在其中。但可以把这三者具体化为市场力量得到提高、更接近顾客或供应商以及进入了新的市场，并将其与职能性源泉结合在一起。而购并协同来源的价值分析视角更主要的是一种挖掘协同效应可能来源的财务工具，其具体的运作过程仍然要通过各个职能部门、依据不同的购并形式来确定。而所有这些，最终都要归于企业战略的指导之下。所以，本书试图采用一种战略的分析视角来探讨购并协同的来源问题。事实上，购并协同来源的战略视角一方面从理论上解释了可能存在于不同购并方式中的经营协同效应、财务协同效应和管理协同效应在宏观战略上的可行性，另一方面也为实践层面提供了究竟是什么因素可能导致这些协同效应的产生或者没有产生的原因，给购并提供理由和预期。

本书认为企业购并的最大威胁并非来自竞争对手，而是来自自身。企业购并行为的结束并不是购并战略的结束，而是开端，或者说是刚刚进入关键阶段，能否将购并的资源与原有的资源有效整合，决定着购并战略的成败。只有将两者有效地整合在一起，才能产生协同效应，降低企业成本，使企业获得行业竞争优势，而要保持这种竞争优势，更在于培育具有可持续发展的企业能力。此外，协同效应如果存在，则其必然会以某种方式发挥出来，具体表现在对企业价值有正向影响上，即会增加企业的净现金流入，导致企业效益的提高。购并本身并不必然产生协同效应，协同效应的产生依赖于是否存在两个可以实现有机整合的企业；协同效应的产生需要一定的条件，即实现作为独立系统的两个企业的有机整合。事实上，整合过程也并不是购并之后才开始的企业行为，作为一种战略，它应始于购并的最初阶段，并贯穿于整个购并过程，其最终的结果应该是协同效应或价值增值的产生。具体说来，整合战略要求企业具备以下几种能力：

（1）战略透视能力。战略透视能力是所有购并的逻辑起点，要求购并方有明确的购并目的，有清楚的目标。从购并协同所需的战略匹配性出发，在购并前必须对企业的核心能力和行业结构特性进行分析，确立企业核心能力扩张或培育的方向，并据此设计购并战略。在购并战略设计过程中，购并方必须考虑核心产品、关键技术和市场渠道是否与购并方的整体战略相匹配。

（2）系统整合能力。有效、系统地购并后整合往往能够弥补和挽救前期购并战略和决策过程的欠缺，而无效、单层面的购并后整合能使前期努力功亏一篑。虽然战略的匹配性可以带来潜在的协同效应，但只有通过有效、系统的购并后整合才能实现协同效应。在购并前，购并方需要对购并后的公司整合有完整系统的计划和安排，任何一个环节考虑不周都可能给企业带来意想不到的困扰。

（3）企业文化的融合与再造能力。两个企业之间的文化差异是影响购并协同效应的重要因素，因此，文化的融合在不同所有制类型企业之间的购并中表现得尤为突出。购并方必须具备多元文化管理与融合的能力，使得来自于两个文化主体的文化相互包容与吸纳，衍生出能被双方人员共同接受的新文化。

（4）企业经营管理能力。企业经营管理能力是落实购并协同目标的关键，否则再好的战略也只是一句空话。企业在购并后的运行中，必须抓住机遇，在市场营销、技术开发、产品质量、财务管理等方面狠下功夫。

9.2.4 购并协同的承载主体

企业具备了一定战略制定和执行能力后，究竟应该由谁去实施呢？也就是说协同效应的创造者是谁呢？是购并方（买方）还是目标企业（卖方）？

一般说来，协同效应主要由买方创造。因为，竞争优势主要为买方所拥有，买方通过购并活动增强了自身的竞争优势，购并后所形成的企业实体相对于独立的买方企业提高了收入、降低了成本或改进了技术。与买方企业相比，卖方企业多数处于竞争劣势，因此购并中的竞争优势转移主要表现为从买方企业向卖方企业的转移。因此理论和实业界也更多地假定协同效应是由买方所创造的。目前已有的购并后整合研究也更多地侧重于此，目标企业的贡献或目标企业的研究视角往往被忽略。人们在界定协同效应时也往往忽略目标企业在购并之前作为独立的实体所可能具有的发展潜力。所以一般的“2+2>5”的协同效应的界定方式，似乎只考虑企业目前所拥有的有形或无形资产，而并没有将企业可能的发展潜质考虑在内。事实上，只有当购并后所形成企业实体的发展潜力超过了购并企业和目标企业单独存在所可能具备的发展潜力时，才有“协同效应”和增值的可能性。所以，协同效应不仅仅是成本节约和资源的共享，在考虑了购并双方企业自身所可能具备的发展前景后，仍然有盈余的部分，才真正是“协同”的意义之所在。

这里，本书假定买方和卖方对协同效应的产生都有贡献，协同效应是购并方和目标企业共同创造、互相作用的结果。因为在购并中，企业竞争优势的转移是双向的，既可以是买方的竞争优势或核心能力要素向卖方转移，从而促进卖方竞争力的提高和竞争优势的形成；也可以是卖方的竞争优势向买方转移，从而促进买方企业的竞争优势的形成或增强。在购并后的整合阶段，如何对目标企业的智力资本等重要财富予以开发、利用和保护等问题，后文着重对其进行探讨。当卖方企业具有一种独特的技术或知识产权时，买方可以将其应用在更多的客户中，这种协同效应也称之为“反弹”协同效应。

9.3 购并协同效应

9.3.1 企业集团购并协同力

如前文所提，“企业集团”是目前我国经济生活中的一个热点问题，在理论和实践上也是一个比较新的课题。对于什么是企业集团，尽管西方发达国家已有深入的研究，但到目前为止，仍未形成一个公认的、统一的定义。但有一点，学者还是有着共识性的认识：仅仅是若干个法人联合在一起，就可以冠之以“企业集团”的称谓，是远远不够的。因而，最大限度地发挥集团的资源一体化整合优势与管理协调优势，实现整体资源配置的秩序化与高效率性，以期确立并不断拓展市场的竞争优势，不仅是企业集团组建与管理的宗旨，同时也是甄别形式上的企业集团与本质上的企业集团的基本标准。也就是说，判断一个企业集团是否是真正的企业集团，主要不是看它是否是由多个法人构成的联合体，而在于这种联合是否能够遵循集团组建的宗旨，实现资源聚集整合优势以及管理协同优势。倘若不能贯彻或无法达到这一宗旨的话，所谓的企业集团便不过是一种徒有虚名的形式，一种无序的多个企业的杂合捆绑而已。这样的企业集团所面临的将是更多的矛盾，更严重的内耗，更低的效率和必然失败的结局。因此，本书从协同效应角度给出企业集团的定义：基于协同效应价值创造的通过股权（产权）纽带或契约纽带联系起来的介于单体企业与市场之间的多法人企业联合经济组织。

事实上，近年来，国内企业集团战略购并热潮空前高涨，战略购并已成为壮大企业集团实力、增强竞争优势、实现集团战略的重要手段。大型企业集团是战略购并的核心和主体，它们往往通过战略购并快速实现资源汇聚、资产增值和资本扩张，拓展经营领域、实现资源整合，加速生产和资本集中，巩固和扩大竞争优势，增加企业集团的整体价值。企业集团进行战略购并的直接动因可能来自多方面，包括谋求协同效应、追求规模经济、扩大经营规模、强化市场控制力、降低成本、增加盈利、提高竞争力、分散经营风险等。但是从根本上来讲，企业集团的战略购并应当是一种以集团战略为导向，并由集团战略全过程驱动的购并行为，以购并双方的竞争优势和核心能力互补为前提，立足于双方竞争优势的转移与协同，通过优化资源配置、完善治理结构、整合价值链等手段强化核心能力从而谋求购并协同效应和企业集团价值最大化。

在这一过程中，正确地理解和认识购并后的协同效应固然是重要的，但对于参与购并的公司双方来说，实现协同效应具有更现实的意义。为了实现协同效应，不仅需要识别协同的机会，而且需要构建协同的技能，并利用这种技能去确定具体的协同活动的边界。这就是企业集团要想通过购并来实现协同效应就必须具备的“协同力”问题。

具体说来，购并协同力是指在一定的环境作用下，企业在购并后的整合过程中，用于组织、协调和开发资源以创造价值和竞争优势的能力。企业集团购并协同力，是企业集团在特定经营环境中竞争优势基础上的多方面技能、互补性资产和有效运行机制的有机融合，是不同生产系统、技术系统、管理系统及交易系统的有机组合体，是识别和提供竞争优势的才能和知识体系。协同力并非存在于企业集团内部任何单个人或成员企业中，而是置身于企业集团的组织环境中，必须通过规范的组织架构来加以体现，并通过复杂的购并过程得到实现、运用和提升。

企业集团购并的协同力可以通过以下几个方面得到体现和丰富：第一，协同力是企业集团拥有的关键技能和隐性知识，是企业集团拥有的主要稀缺资源或资产，就其本质而言，企业集团本身就是一个协同力体系或协同力的集合体。而购并的过程可以使企业的协同力得到历练、丰富和扩大，使企业集团的内涵真正得到实现。第二，协同力决定了企业集团的规模、边界和范围，并最终决定企业集团的竞争优势和经济绩效。第三，企业集团协同力呈现出一种动态的非均衡状态，随着外部环境和企业集团内部成员企业和人员目标的动态变化，协同力这种稀缺资源也必须持续不断地积累、培养、开发与运用。购并过程恰恰是这个循序渐进过程的有效介质之一。因为企业集团的购并协同力无法通过相应的要素市场买卖获得，也不能简单地通过购并交易过程而得以实现，购并后的整合过程才使这种能力真正得到运用和进一步开发。

9.3.2 企业集团协同效应的模型剖析

建立于成员企业异质性基础上的企业集团价值创造是一个极其复杂

的过程，这种复杂性不仅体现在集团化的整个过程中，更体现于集团内的各级层次上。企业集团的协同效应与一般企业不同在于其价值创造的两级层次：

1）层次一：附属成员企业本身的价值增值

企业集团第一层次的协同效应体现在附属企业层次的价值创造上，通过对附属企业的动态权衡实现企业的价值增值。众所周知，单个企业经营的是产品，而企业集团经营的是市场。为了实现持续增长，企业集团在扩张战略下往往会运用新建或购并、重组等方式将一些新企业纳入旗下。这些新企业成为集团附属企业后，便可借助集团的管理力量实现经营的进一步提升，一旦该企业发展步入正轨，不单单其自身价值将有所增加，同时也为集团价值增加贡献力量。如图9-2，如果用π_A、π_B表示A、B两个异质企业独立时的经营绩效，$\Delta\pi_A$、$\Delta\pi_B$表示这两个企业独立经营的价值增值，在未进入企业集团之前，这种价值增长的空间有限。$\Delta\pi_A'$、$\Delta\pi_B'$表示这两个企业在同一集团所形成的价值增值，由于A、B两个异质企业进入企业集团内得到了庇护和提升，所以理想的状态就是要使$\Delta\pi_A' \geqslant \Delta\pi_A$，$\Delta\pi_B' \geqslant \Delta\pi_B$。这样就实现了企业集团第一层面即成员企业层面的价值协同增长。由此看来，这一层面的协同更多是集团内单个异质企业本身带来的价值增加，仅仅发生在附属成员企业的层次，当然这些导致价值增加的投资项目或业务在该企业独立经营时就已经存在，只是借助集团力量改善了自身经营。值得说明的是这种价值创造还仅是局限在该企业内部，它和集团内其他企业并无联系，也未给其他企业带来裨益。因此，附属企业的价值创造由于与其他企业的动态关联性较低，还是属于较低层次的静态协同，并未上升到集团整体，也就无法称之为集团协同。

2）层次二：总部掌控下附属成员企业之间的整体协同效应

企业集团第二层次的协同效应更主要地体现在“总部价值”（Headquarters Value）上，通过总部这一特殊结构从更高层次使附属企业之间实现集团的整体协同。如果企业集团价值创造仅发生在异质性的附属企业即经营性分公司或子公司层面，即只有第一层次的价值创造，那么集团价值仅是集团内各企业价值的总和，这些投资项目或独立业务就可以各自为战，没有联合的必要了（Fluck和Lynch，1999）。从这个意义上说，附属企业层次的价值创造还不是企业集团协同效应的核心。本书认为集团协同效应的核心发生在集团第二层次即总部层面：各个附属企业所拥有的异质投资项目或业务之间在总部层面大多存在着动态的关联和互动，因而可能带来它们独立经营时所无法获取的价值。为了获取第二层次的价值创造，集团总部在考虑将某一企业融入集团内的过程中，一方面需要考虑这一企业与集团内其他企业的业务联系相关性，即挖掘该企业的异质性对企业集团当前的成本降低或价值增值的实现可能性，包括当前集团能否降低该企业营运成本，或者能否使该企业为其他企业带来成本降低，或者能否使该企业或其他成员企业提高价值增值，以上诸多问题需在短期内做出权衡；另一方面，还需考虑该企业对企业集团整体的成本降低或价值增值的未来潜力，即战略性相关的可能——该企业的长期增值远大于短期内的亏损，或者虽然该企业长期都是亏损的，但其为集团带来的整体协同价值增值却是巨大的，远远大于该企业的单个价值损失。如图9-2所示，为便于分析本书将集团总部层面的协同效应简化表达为（$\Delta\pi_A'+\Delta\pi_B'$）—（$\Delta\pi_A+\Delta\pi_B$）>0，这就是集团第二层次即最高层次的价值创造。这一协同效应表达式包含三个方面的含义：其一，集团要尽可能保证大多数附属企业实现自身价值创造，而不损害附属企业的竞争力，使$\Delta\pi_A'\geqslant\Delta\pi_A$、$\Delta\pi_B'\geqslant\Delta\pi_B$；其二，即使某一附属成员企业在集团中的竞争力有所削弱，但它却能通过给予其他附属企业更大的组合优势而使整个集团获得协同价值，即可能出现$\Delta\pi_A'<\Delta\pi_A$或$\Delta\pi_B'<\Delta\pi_B$，但（$\Delta\pi_A'+\Delta\pi_B'$）必须大于（$\Delta\pi_A+\Delta\pi_B$）；其三，集团不仅要关注静态协同效应，即企业融入集团后的成本降低，更要从动态角度考察通过持续性的动态组合收益达到长期的协同增长，进一步拓展可以表示为$\sum_{i}^{n}\Delta\pi_i'>\sum_{i}^{n}\Delta\pi_i$（n≥2）。以往“1+1>2”“2+2>4”“2+2=5”或“2+2>5”等只是一种静态的比例关系的协同，而研究中协同效应这一公式的增量表达既考虑了成员企业增长，又对协同效应有了动态性的思考。

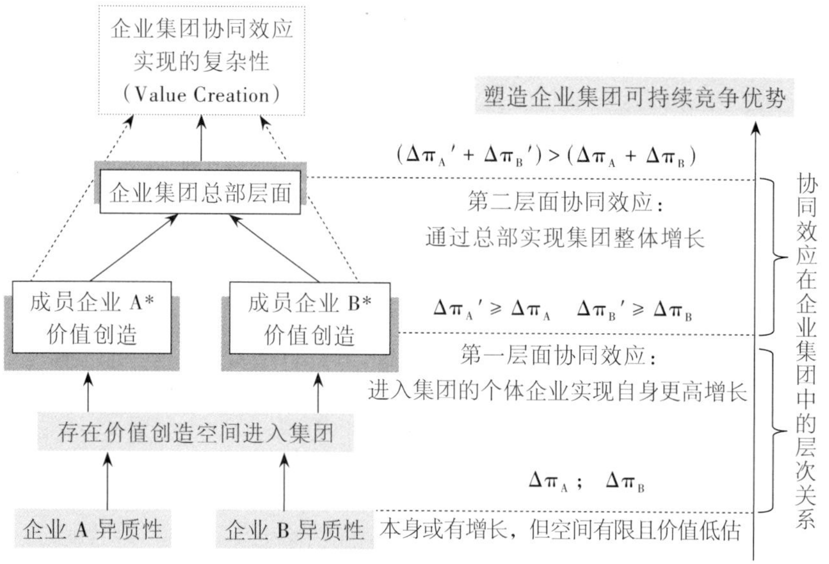

图9-2 企业集团协同效应的特殊机理及实现过程

总之，第二层次的价值才真正反映了集团存在必要性，也是企业集团协同价值创造的重要标准。也就是虽然可能存在少数附属企业价值创造比独立经营时低的情况，但是通过总部的适度掌控，将使多数经营业务在集团下不仅比独立经营时绩效好，而且比置于其他任何集团之下更好。GE对其多元化业务特别是金融业的战略协同改进为本书的论点提供了极佳的佐证。GE早期的金融服务业务并不盈利，它主要是为其医疗、电器等制造工业及客户提供贷款、信用等服务，意在提升通用整体协同价值，但随着不断自建和大量兼并各种信贷公司及银行，GE总部对金融业务特性有了更深的理解，自身积累了丰富经验，如今的GE金融服务业务已形成了消费者金融服务集团、设备管理集团、商务融资集团、GE保险集团等四个集团，不但为通用的协同发展提供了更广阔的服务能力，而且这些金融业务本身也实现了价值增值，并成为通用的主业之一。

因此，企业集团的协同效应比一般的协同效应更为复杂和特殊，其实现难度也就更大，它不仅要在附属企业层面得到体现，更要在集团总部实现进一步“升华”。国外许多企业无论通过购并、联合还是自身扩张来形成企业集团，更多是基于这种总部层次价值创造而实现的。正是有了这种协同效应，才有了企业集团所获得的几倍乃至几十倍的稳健持续成长。企业集团的这种协同效应价值创造一定程度上才是其永不枯竭的增长源泉。只有明晰了这一点，才能真正理解今天企业集团这种特殊组织形式存在和演进的根本目标。

9.3.3 企业集团购并实现协同效应的特殊机理

如上所述，较之一般企业协同效应的产生过程，企业集团的协同效应的生成过程更为复杂和特殊，它不仅要在经营性分公司或子公司层面努力使这些异质的附属企业提升价值，更要在集团总部层面，在提高或尽量不损伤附属企业竞争力的情况下，通过附属企业间动态的关联和互动实现集团整体竞争力质的飞跃，这样才真正实现了企业集团的协同效应。而且，企业集团的协同效应是带有很强“或然”性的，也就是说它只是一种潜在可能，要想将这种潜在性转化为现实性，就必须在企业集团的形成和演进过程中慎重地把握这种协同效应。

国内学者陈志军（2002）将企业集团购并后协同的机会分为两种类型：一是不需要公司总部出面即可实现的机会，实际上就是仅依靠天然的自利机制（A Natural Self Interests Way）即可实现的协同机会；二是只有公司总部才能实现的机会，安德鲁·坎贝尔（Andrew Campell）和迈克尔·顾尔德（Michael Goold）称之为“母合机会”（Parenting Opportunities）[①]。母合机会可进一步细分为洞察的机会、评价的机会、激励的机会和实施的机会。应当说，当且仅当同时具备下列两个条件时，母合机会才存在：第一个条件是购并后的企业内部各业务单位之间存在着以天然的自利机制所不能实现的关联效益，第二个条件是公司总部能够帮助业务单位获得这种效益。构建和完善协同的技能，具备了协同与母合的机会，并不意味着一定能获得协同效应，还需要公司总部构建协同的技能（Synergy Skills）。这种协同的技能也恰恰是本书所说的

① “母合优势”（Parenting Advantage）这一概念是由 Michael，Andrew 以及 Marcus（1994）首先提出的，该研究主要以多业务公司（Multibusiness Company）为考察对象，他们首先对母公司在价值创造过程中的职能和作用提出了质疑，然后建立起自己的分析框架，并在大量实证分析的基础上得出了自己的结论。多业务公司是由不同业务构成的，其中很多业务都可以作为独立的实体，而由公司直线经理、职能部门和全体员工组成的层级结构则不属于这些业务的范畴。正是这种本书称之为母公司的层级结构掌管着公司战略决策的制定。

协同力的重要组成部分，是企业集团区别于一般企业购并整合过程的重要特征之所在。

具体说来，企业集团的下属业务单位可以通过与顾客的直接接触创造价值。它们在各自的市场上为满足顾客的需要和创造收益与利润而彼此竞争。这些业务单位向其母公司，包括公司的总部及集团和分部管理层汇报工作。与业务单位相比，母公司并没有自己的顾客，而且会发生成本却没有收入。它的行为就像一种中介性机构，介于业务单位及资本提供者之间，并对业务单位所实行的决策和战略施加影响。由此可以得出这样的结论：财富的创造只发生在业务单位层面，母公司的价值创造必须通过其下属的业务单位才能得以实现。不仅如此，母公司的存在必然会发生成本支出，如果它的活动不能证明这种成本的合理性，就会破坏价值。因此，人们自然而言就会对母公司提出这样的质疑：母公司是否仅仅作为一个成本消耗单位而存在？它究竟能否为业务单位创造价值？如果没有母公司的存在，作为独立运作实体的业务单位是否会表现得更好？如果不是，那么母公司价值创造的依据又是什么？

经过大量的实证研究，Goold等人所得出的结论是，多业务公司的不同业务单位因为属于同一个母体而联系起来，只有当公司组织的影响力可以创造价值时，这些业务单位的存在才具有经济性。多业务企业凭借对各项业务的影响或母合而创造价值，最好的母公司组织能比竞争者创造更多的价值。也就是说，如果在两种情形下（第一，比其他母公司的替代者或竞争者做得更好；第二，比业务单位独立运作的情形下做得更好），母公司都显示了一定的优势，那么就可以认为母公司的存在是有价值的，即存在所谓的“母合优势”。事实上，母合优势的概念集中研究了由母体组织的相对核心竞争力（相对于其他母公司或中介，或是相对于子公司独立存在的情形）带来的价值创造。因为母体组织是投资者和业务项之间的中介，所以事实上它不仅与其他母体组织竞争，而且与其他中介竞争。也就是说，某一母公司下属的业务单位不仅应比各业务单位作为独立实体时表现得更好，而且还应比在任何其他母公司属下表现得更好。否则，改变某些业务或所有业务的所有权就可以实现价值创造。所以，公司战略必须能够创造出足以同其他中介相竞争的价值。

母体的技能和资源同业务需要完全符合是最理想的情况。如果符合，母体就可能创造价值；如果不符合，母体就可能会造成价值损失。母合度反映了企业创造价值的效率和程度，同时也是判断公司总体战略成功与否的根本检验标准和指导公司层面决策的基本原则。作为一种原则，母合优势应当用来指导有关公司所属业务之性质的决策，以及关于母公司结构、活动和关系的决策。

由此可以判断，母公司的基本作用应当是：以一种能够增进其现有业务组合整体表现的方式对其施加影响，同时补偿其自身的成本而有余。如果母公司不能证明其对新业务的拥有确实使后者境况更佳，那么该公司层面的战略必定是有缺陷的。因此，某种净价值的创造是公司战略的最低目标；但母公司还应为自己制定更有雄心、更具迫切性的目标。在这里，价值创造的标准并非没有母公司会发生什么，而是最佳的母公司可以做到什么。

事实上，这种所谓的公司总部构建协同的技能，非常类似于钱德勒在《战略与结构：美国工业企业史上的篇章》（1962）所提到的多部门企业的总办事处（General Office）。钱德勒以包含多个经营单位并由职业经理人员管理的企业（Multiunit Firms）来定义西方工业国家的现代工业企业。对这种企业产生原因的解释、发展过程的分析、社会后果的估量，以及对它们在西方主要工业国家发展的比较研究，是钱德勒跨越了半个世纪的学术研究生涯中始终如一的主题。他的研究成果为发展中的动态企业理论提供了丰富的历史经验证据和思想源泉。钱德勒所指的公司的总办事处肩负有计划、协调及评估若干分部（即事业部）的工作，并向它们分配必要的人员、设备、资金和其他资源；负责分部的执行经理把处理一个产品主线或服务所必要的职能管理置于自己的统辖之下，对分部的财务状况和市场负责。这就是事业部制或所谓的M型组织结构，它被美国企业界称为“分权”结构。

在钱德勒看来，多部门结构成功的基本原因在于，它把对整个企业命运负责的高层经理从日常的经营活动中解脱出来，从而有时间并在心理上感到有义务去做长期的计划和评估；同时，它把日常管理的责任和必要权威置于在市场上运营的事业部总经理手中（Chandler，1962）。

美国大企业的决策程序在实践中表现出这样的结构特征：在日常运营的层次上（事业部以下），管理决策由经营单位的行政首长个人负责（尽管他可能听取职能部门专家的建议）；在战略层次上（公司总部），管理决策更多的是由集体（董事会或执行委员会）做出（Chandler，1962）。因为企业日常经营有更多的惯例可循，它的中心问题是执行，所以必须由个人负责；战略决策考虑的是长期的、更复杂和不确定的而且不必马上决定的问题。

国内学者吴敬琏（2004）将钱德勒对多业务企业的总部职能归纳为两项互相紧密关联的功能：一个是“企业家或价值创造”的功能，即决定企业战略，并运用企业的管理技能、设备和资本以及配置企业拥有的资源去实施这些战略。另一个是“行政性的或防止亏损”的功能，即监测各运营分部的绩效，控制它们对分配给自己的资源的运用，并在必要时重新规定它们的产品范围以便企业的组织能力持续得到有效利用。

所以，在购并特别是购并后的整合阶段，母公司要积极转变职能。一方面，要积极达成原有下属企业与目标企业之间的沟通和整合，为他们之间提供进一步增加附加值的机会。主要办法有：通过共享某种管理职能或设施来实现规模效益；提升管理竞争力，提供可供企业使用的更大的人才库，协助企业更好地进行科学决策；提供更为广阔的职业发展空间，吸引和保留最优秀的人才；提供满足企业需要的各类人事服务等。另一方面，母公司也要不断完善自身的服务职能，为目标企业提供技术或市场方面的信息交换，扩大企业的情报来源，并创建有利于提高企业运营水平的共享的价值观和管理规则。同时母公司还要增强自身的前瞻和谋划未来的能力，不断完善和充实自己作为“企业家”的战略知觉、战略意识和捕捉机会的能力。作为战略决策者的母公司必须对于他们的行动、他们所施加的影响以及如何对其自身进行恰当的定位才能带来价值创造、避免价值毁损，同时及时地捕捉“协同机会”而进行深入的思考。在更深层次意义上，战略决策的过程意味着母公司肩负着推动包括目标企业在内的各子公司发展与价值创造的职责，特别是利用母子公司之间的新型合作关系进行共同价值创造和协同发展的义务，即推动一种有助于构建“协同优势”的关系资本的生成。这就要求母公司对子公司的业务形成某种“感觉”，对价值创造洞见、业务改善机会的识别以及相关业务标准的实质内容和重要性获得较为深入和直观的理解，从而有助于进行价值创造。

对于母公司而言，母公司必须逐步构建起一种企业家式的心智图，使其较好地洞悉对子公司业务的“感觉”，更准确地把握什么样的战略和目标更为适当、什么样的管理过程最适合自身、目标企业以及与各子公司的关系管理，它在有效帮助母公司解释业务单位所发生的事情的同时，为其注意力的分配和决策的达成提供了路径，进而使得诸子公司和目标企业都能够在某一行业内更有效地参与竞争，同时避免自身由于错误的理由、通过错误的过程而施加错误的压力。

实践中，我国的企业集团为什么不能像通用电气公司那样，在兼并和分拆各种企业中游刃有余，不断地实现着协同高速增长？根本原因在于大多数中国企业集团总部的管理能力低下，而且缺乏自身有效的建设，制约了企业集团本身的发展。因而，必须通过完善集团总部自身建设提高总部对集团整体的管理能力，才能推动集团向更高协同的层次发展。

现阶段，竞争优势已并不仅仅局限于迈克尔·波特（1997）所提到的几种基本的竞争优势（成本优势、差异化优势、集聚优势），市场竞争的残酷与外部环境激烈的变化要求企业不断进行竞争优势的变革和创新。企业集团要比单一企业在竞争优势的选择上更具广阔空间，它不仅可以从业务单元、产品选择、分支企业经营寻求优势，也可以从企业间、产业整合及网络的协同上探索更多更具创新性的竞争优势。通过对协同效应的把握，企业集团得以突破单一的竞争优势，而不断树立快速创新、持续升级多样化的竞争优势。协同效应的实现对企业集团尤其是中国的企业集团迎接和赢得国际竞争有着不可低估的价值和意义。

第4部分　购并后整合绩效实证研究

10 中国上市公司购并后整合的实证分析

10.1 问题提出

企业购并一直是学术界研究和争论的焦点，尤其在近几十年取得了深入的进展，积累了相当多的文献和研究成果。这些研究主要从两条主线展开：一条主线是立足于经济学领域的购并研究，主要集中在企业购并的动因研究、购并的收益和效益研究、购并过程和技术性问题研究（包括定价、策略、法律等，但不涉及购并后过程）等三个方面；另一条主线是基于管理学角度的购并后整合研究，主要研究购并后如何实现公司价值增值、购并企业与目标企业双方如何建立联合价值创造机制的问题。

不过综合这些研究文献可以发现，目前学术界尤其是我国学术界针对购并研究仍呈现诸多不足：一是两条主线的研究缺乏联系，各自为界，当然原因之一在于假设不同及理论根基的差异，但更主要的是对购并这一整体性活动认识得不够深入；二是两条主线研究的不平衡。目前在我国学术界处于主流地位的仍是关于第一条主线的研究，购并绩效研究成果尤其颇丰，而第二条主线购并后整合研究由于方法的薄弱、资料的难获取性，研究多是针对某一方面的问题，缺乏严密系统性，在国内处于被忽视的地位。

综合来看，造成这些研究存在不足最根本的原因就是对购并内在过程和机理缺乏明晰的认识。由于购并的“外在表现形式”是交易过程而且很多购并只是资本运营产权交易，也就是为交易而交易，因而造成人们对购并的认识十分片面，大多停留在购并交易和购并的形式上。但真正意义上的完整购并包括购并前规划、购并中交易和购并后整合三个阶段。购并绩效或效应实际上产生于两种性质范畴完全不同的活动和过程，一是单纯的购并活动，这其实更多体现的是交易性质的经济行为，另一过程是购并后整合活动，这更多从属于管理活动。因而真正的购并绩效来自于购并交易绩效和整合绩效两方面。以经济学为主导的第一主线对于绩效的实证研究积累了较多的成果，我国学者高见等人（1999）的研究成果表明，是否属于相关或相似行业资产重组与重组绩效没有相关性，但和题材公司经营绩效改善程度关系较大，效果相对较好。余光和杨荣（2000）研究深、沪两地1993—1995年的一些购并事件后得出，目标公司股东可以在购并事件中获得正的累积异常收益，而公司股东则难以在购并中获利。而洪锡熙、沈艺峰（2001）通过对以申华实业被收购案为主的购并研究结果表明，目前我国市场条件下，二级市场收购并不能给目标公司带来收益。这些绩效研究对了解中国企业购并，特别是中国上市公司购并效应有很大的帮助，但最大不足在于无一例外地将购并后整合视为“黑箱”，假设整合会伴随购并完成而成功实现，其购并绩效研究实质上多集中于购并交易效应，虽然有的学者将考察期延长到两年、三年甚至更长，但这些研究无一例外地将购并本身或交易绩效与购并后整合绩效混同起来，进行整体的分析与评估，忽略了他们的差别，使得出的结论过于笼统。这种缺乏分离绩效性质的实证研究是难以真正认识购并的，出现大量实证结果的不一致“窘况”就不足为怪了。基于第二条主线管理学角度的购并后整合研究虽有所进展，国内在这方面的研究已经涉及购并后的战略、资产、组织、人力资源、技术和企业文化整合等诸多方面（魏江，2002；项保华和殷勤，2001；程兆谦，2001）。但这些研究仍然是“支离破碎”的，缺乏系统探讨，尤其对绩效——这一关键问题缺乏严密的实证分析，因此难免“逊色”于第一条主线的研究。

本书希望在已有研究的基础上，重点考察我国购并研究中尚处于“空白”的领域——购并后整合绩效问题，在对比三种不同类型购并的整合绩效基础上，探讨影响购并后成功整合的关键因素。

10.2 研究框架

10.2.1 数据来源及样本选取

目前我国系统全面的企业购并统计资料较少。由于上市公司的代表性和资料公开性，以2012年至2020年沪深A股市场发生购并的主并方为研究对象，并根据如下原则对样本进行筛选：（1）剔除金融、保险行业的购并样本；（2）剔除ST、*ST等异常情况样本；（3）剔除购并不成功的样本；（4）剔除交易金额在100万元以下的购并样本；（5）剔除所有关联交易的购并样本；（6）剔除营业收入或资产小于0、资产负债率≥1或≤0的财务数据异常样本；（7）如果一家公司在一年间发生多起购并，取交易金额最大的一次。筛选后共包括1514个购并交易样本。购并、财务等信息采自国泰安（CSMAR）数据库，运用Stata16进行后续处理。为便于清晰了解购并后整合绩效的样本分布情况，绘制表10-1。

表10-1　　购并后整合绩效的样本分布情况

年份	2012	2013	2014	2015	2016	2017	2018	2019	2020	合计
样本	213	254	313	162	55	93	162	202	60	1514

实际上，通过上述标准筛选，财务性或虚假购并也大大减少。因为一些时间短、交易频繁、缺乏实质的整合内容的购并按以上标准有所剔除。因此，本书探讨的是“真正意义”上的购并后整合绩效问题。

10.2.2 指标选择与变量定义

1）解释变量

依照购并双方产业相关性，把购并划分为横向购并、纵向购并和混合购并三种基本区分类型。相较而言，三种类型购并动因及原理不同，产业相关性逐渐递减。横向购并是在生产和销售相同或相似产品的同一行业内发生的企业之间的购并。企业选择横向购并的动因为追求成本下降、市场支配能力增强导致的规模经济效应，横向购并使用虚拟变量反映，即发生横向购并取值为1，否则为0。纵向购并侧重生产过程或经营环节相互衔接、紧密联系企业间，或有纵向协作关系的专业化企业间的购并。纵向购并以节约交易成本、加强垄断力量为主要目的。纵向购并使用虚拟变量反映，即发生纵向购并取值为1，否则为0。混合购并侧重既非竞争对手又非现实中潜在顾客或供应商企业间的购并，购并双方所处的行业，多不相关。混合购并多为寻求协同效应、产业效应和降低经营风险。混合购并使用虚拟变量反映，即发生混合购并取1，否则为0。

2）被解释变量

研究购并绩效的学者们常用的实证分析方法有事件分析法、长期股价收益分析法和会计收益研究方法。前两种方法性质相同，都以股价分析为主，力图用股票非正常收益来检验购并活动对股票投资效率的影响，区别只是在于短期和长期之分。从我国股市实际情况看，很难满足有效资本市场和理性参与者这两个条件。我国学者吴世农（1996）就曾深刻指出，我国股市发育时间不长，信息的完备性、分布均匀性和时效性与发达国家还存在着较大的差距，股价易受人为操纵；冯根福等（2001）也指出，我国上市公司大量非流通股存在会导致难以衡量股价涨跌中非流通股股东的收益变化，造成股价与公司业绩往往脱钩，用公司购并前后股东财富的变化无法准确衡量购并业绩。因而在国外股市研究中常用的这两种方法在我国实践中会大打折扣。

基于这种情况，本书采用会计收益研究方法，来对购并后整合绩效进行检验剖析。会计收益指标具有数据易获取、便于计算、结果易被人

理解的优点，虽然财务法规、税收制度等因素很大程度会使财务数据扭曲，但会计收益指标仍含有足够的盈利信息。尽管人们通常认为我国的会计利润容易受到操纵，但大部分只是暂时的，如果放长考察期，上市公司会计报表盈余数字还是具有很强的信息含量（陈晓等，1999）。因此，这种会计收益研究方法还是一种比较现实和可行的实证方法。净资产收益率可以综合反映购并后整合所导致的盈利能力的变化，它是上市公司最重要的财务指标，不会受到股权稀释对盈余指标一致性的影响。借鉴袁天荣和王霞（2021）的研究，采用购并宣告日前后一年净资产报酬率之差（ΔROE）衡量购并绩效。

3）控制变量

为有效考察横向购并、纵向购并、混合购并后的绩效，控制以下变量：公司规模（Size），公司年总资产的自然对数；资产负债率（Lev），年末总负债除以年末总资产；董事会规模（Board），董事会人数取自然对数；独立董事比例（Indep），独立董事与董事会总人数的比例；两职合一（Dual），董事长与总经理是否同一人担任，是取值1，否为0；机构投资者持股（Inst），机构投资者持股总数与流通股本的比例；股权集中度（Con），前十大股东持股数量与总股数比例；上市年限（Listage），用ln（当年年份-上市年份+1）；管理层持股比例（Mshare），管理层持股数与总股本的比例；总资产周转率（Ato），营业收入与平均资产总额之比；知识产权购并（Ipma），是否涉及知识产权购并，是取1，否取0；购并地区类型（Maregion），境内购并取1，出境购并取2，入境购并取3，境外购并取4。同时控制年度效应。变量选取与定义见表10-2。

表10-2　**变量选取与定义**

变量类型	变量名称	变量符号	变量测量
被解释变量	购并绩效	ΔROE	购并宣告日前后一年净资产报酬率之差
解释变量	横向购并	Horma	横向购并取1，否则取0
	纵向购并	Verma	纵向购并取1，否则取0
	混合购并	Mixma	混合购并取1，否则取0

续表

变量类型	变量名称	变量符号	变量测量
控制变量	公司规模	Size	ln（年总资产）
	资产负债率	Lev	总负债/总资产
	董事会规模	Board	ln（董事会总人数）
	独立董事比例	Indep	独立董事人数/董事会总人数
	两职合一	Dual	董事长与总经理同一人担任取 1，否则取 0
	机构投资者持股	Inst	机构投资者持股总数与流通股本比例
	股权集中度	Con	前十大股东持股总和/总股本
	上市年限	Listage	ln（当年年份-上市年份+1）
	管理层持股比例	Mshare	管理层持股数/总股本
	总资产周转率	Ato	营业收入/平均资产总额
	知识产权购并	Ipma	涉及知识产权购并取 1，否则取 0
	购并地区类型	Maregion	境内购并取 1，出境购并取 2，入境购并取 3，境外购并取 4
	年度	Year	年度虚拟变量

资料来源：作者整理。

10.2.3 模型构建

为检验横向购并、纵向购并、混合购并下的购并绩效，构建模型（1）、（2）和（3）以检验上述研究。

$$\Delta ROE_{i,t} = \alpha_0 + \alpha_1 Horma_{i,t} + \alpha_2 Controls + \varepsilon_{i,t} \tag{1}$$

$$\Delta ROE_{i,t} = \beta_0 + \beta_1 Verma_{i,t} + \beta_2 Controls + \varepsilon_{i,t} \tag{2}$$

$$\Delta ROE_{i,t} = \varphi_0 + \varphi_1 Mixma_{i,t} + \varphi_2 Controls + \varepsilon_{i,t} \tag{3}$$

模型（1）、（2）和（3）中 $\Delta ROE_{i,t}$ 代表购并绩效，$Horma_{i,t}$ 代表横向购并，$Verma_{i,t}$ 代表纵向购并，$Mixma_{i,t}$ 代表混合购并，α_0、β_0、φ_0 代表计量回归模型的截距项，变量下表 i 表示公司，t 表示时间。

Controls代表所有控制变量，ε代表模型的随机干扰。若α_1、β_1、φ_1显著为正，表明横向购并、纵向购并、混合购并的绩效为正。

10.3 实证结果及分析

10.3.1 描述性统计与相关性分析

主要变量的描述性统计结果如表10-3所示。购并绩效ΔROE的平均值为-0.026，标准差为0.110，最小值为-1.054，最大值为0.532，说明样本公司购并绩效波动幅度差异较大。横向购并Horma平均值为0.085，标准差为0.279，中位数为0.000，纵向购并Verma平均值为0.304，标准差为0.460，中位数为0.000，混合购并Mixma平均值为0.276，标准差为0.447，中位数为0.000，说明样本公司横向购并、纵向购并、混合购并比例较低且差异较大，其是否影响购并绩效有待回归检验。企业规模Size均值为21.937，标准差为1.089，企业上市年龄Listage均值为1.853，标准差为0.661，说明企业规模和年龄差异较大，同时样本企业上市年龄较短。资产负债率Lev均值为0.407，表明企业保持较高的负债融资比例。股权集中度Con均值为0.604，表明企业股权集中度普遍较高。独立董事Indep占比为37.7%，符合证监会对独立董事占比不低于1/3的要求。其他变量均处于正常范围内。

表10-3 变量描述性统计

变量	样本量	平均值	标准差	最小值	中位数	最大值
ΔROE	1514	-0.026	0.110	-1.054	-0.014	0.532
Horma	1514	0.085	0.279	0.000	0.000	1.000
Verma	1514	0.304	0.460	0.000	0.000	1.000
Mixma	1514	0.276	0.447	0.000	0.000	1.000
Size	1514	21.937	1.089	19.525	21.809	26.395

Lev	1514	0.407	0.191	0.035	0.396	0.925
Board	1514	2.119	0.189	1.609	2.197	2.708
Indep	1514	0.377	0.053	0.333	0.364	0.600
Dual	1514	0.330	0.470	0.000	0.000	1.000
Inst	1514	0.361	0.230	0.000	0.340	0.887
Con	1514	0.604	0.141	0.206	0.624	0.906
Listage	1514	1.853	0.661	1.099	1.609	3.258
Mshare	1514	0.187	0.215	0.000	0.062	0.702
Ato	1514	0.649	0.414	0.053	0.557	2.902
Ipma	1514	0.001	0.036	0.000	0.000	1.000
Maregion	1514	1.112	0.504	1.000	1.000	4.000

皮尔逊相关系数矩阵相关性检验的目的是初步检查变量之间是否存在相互影响，即变量相互作用的可能性，不反映因果关系。通过相关性分析可初步判断变量之间是否存在多重共线性。由表10-4可知，变量间相关系数的绝对值都小于0.600，表明模型不存在严重的多重共线性。通过分析方差膨胀因子，可以发现VIF值最大值为1.950，均值为1.470，进一步说明变量间不存在严重的多重共线性的干扰，适合做多元回归分析。此外，从表10-4可以看出，横向购并Horma与购并绩效正相关，系数为0.015，但是并不显著，该部分仍需做进一步检验。纵向购并Verma与购并绩效的回归系数为0.062，在5%的水平上显著为正，初步说明纵向购并显著提升购并绩效。混合购并Mixma与购并绩效的回归系数为-0.033，不显著，该部分仍需做进一步检验。

表10-4　Pearson相关性分析

	ΔROE	Horma	Verma	Mixma	Size	Lev	Board	Indep	Dual	Inst	Con	Listage	Mshare	ATO	Ipma	Maregion
ΔROE	1															
Horma	0.015	1														
Verma	0.062**	-0.202***	1													
Mixma	-0.033	-0.188***	-0.409***	1												
Size	0.02	0	-0.003	-0.057**	1											
Lev	-0.102***	0.007	-0.048*	0.037	0.507***	1										
Board	0.006	-0.043*	-0.001	0.003	0.286***	0.181***	1									
Indep	0.028	0.015	-0.032	0.006	-0.031	-0.067***	-0.561***	1								
Dual	0.025	-0.018	0.048*	0.041	-0.123***	-0.139***	-0.151***	0.077***	1							
Inst	0.057**	-0.013	-0.007	-0.028	0.330***	0.184***	0.145***	-0.066***	-0.124***	1						
Con	0.004	0.057**	0.018	-0.102***	0.017	-0.137***	-0.107***	0.091***	0.065**	0.220***	1					
Listage	0.074***	-0.112***	-0.072***	0.110***	0.339***	0.327***	0.183***	-0.004	-0.204***	0.309***	-0.447***	1				
Mshare	-0.003	0.017	0.077***	-0.063**	-0.285***	-0.248***	-0.176***	0.104***	0.211***	-0.537***	0.253***	-0.520***	1			
Ato	0.120***	0.004	0.007	-0.049*	0.112***	0.242***	0.044*	-0.045*	-0.032	0.122***	0.059**	0.073***	-0.055**	1		
Ipma	0.033	-0.011	0.055**	-0.022	0.027	0.021	0.015	-0.03	-0.026	-0.001	-0.01	0.022	0.012	-0.001	1	
Maregion	-0.023	0.073***	0.027	0.071***	0.112***	0.053**	0.045*	-0.007	0.014	0.012	0.002	-0.001	-0.01	0.039	0.028	1

10.3.2 回归结果

表10-5报告了假设验证的回归结果。列（1）为仅含控制变量的基准回归结果，列（2）基于列（1）加入横向购并Horma以检验横向购并的购并绩效。回归结果显示，横向购并Horma的回归系数为0.015，在10%的水平下显著为正，说明横向购并显著正向影响购并绩效，意味着横向购并可以促进购并绩效的提高。列（3）基于列（1）加入纵向购并Verma以检验纵向购并后的购并绩效。回归结果显示，纵向购并Verma的回归系数为0.010，在10%的水平下显著为正，说明纵向购并正向影响购并绩效，意味着纵向购并可以促进购并绩效的提高。列（4）基于列（1）加入混合购并以检验混合购并后的购并绩效。结果显示，混合购并的回归系数为-0.006，不显著，说明混合购并不利于购并绩效的提升。

表10-5 回归结果

变量	（1）	（2）	（3）	（4）
Size	0.006	0.006	0.005	0.005
	（1.24）	（1.22）	（1.20）	（1.16）
Lev	-0.109***	-0.109***	-0.108***	-0.107***
	（-3.44）	（-3.46）	（-3.43）	（-3.43）
Board	0.018	0.019	0.018	0.018
	（0.79）	（0.84）	（0.83）	（0.81）
Indep	0.074	0.074	0.078	0.075
	（1.01）	（1.01）	（1.07）	（1.02）
Dual	0.006	0.006	0.006	0.006
	（1.05）	（1.11）	（1.02）	（1.12）
Inst	0.024	0.024	0.022	0.023
	（1.50）	（1.51）	（1.42）	（1.45）
Con	-0.002	-0.002	-0.001	-0.002
	（-0.08）	（-0.08）	（-0.03）	（-0.08）

续表

变量	(1)	(2)	(3)	(4)
Listage	0.020***	0.021***	0.021***	0.021***
	(3.15)	(3.26)	(3.24)	(3.18)
Mshare	0.031*	0.032*	0.029*	0.030*
	(1.88)	(1.94)	(1.75)	(1.81)
ATO	0.043***	0.043***	0.043***	0.043***
	(5.54)	(5.56)	(5.51)	(5.53)
Ipma	0.084*	0.085*	0.077	0.082*
	(1.77)	(1.77)	(1.61)	(1.73)
Maregion	-0.005	-0.006	-0.005	-0.005
	(-0.64)	(-0.70)	(-0.66)	(-0.59)
Horma		0.015*		
		(1.75)		
Verma			0.010*	
			(1.90)	
Mixma				-0.006
				(-0.84)
_cons	-0.267***	-0.270***	-0.271***	-0.261***
	(-2.86)	(-2.88)	(-2.89)	(-2.80)
年份	Yes	Yes	Yes	Yes
N	1514	1514	1514	1514
F	5.166	4.929	5.019	4.948
R^2	0.077	0.079	0.079	0.078
Adjust R^2	0.065	0.066	0.066	0.065

注：$*p<0.10$，$**p<0.05$，$***p<0.01$。

控制变量方面，资产负债率负向影响购并绩效，原因可能为高资产负债水平意味着企业需支付更多利息，限制企业将更多现金资金投入到对购并企业的整合活动中，进而影响到购并绩效。上市时间正向影响购并绩效，原因可能为上市时间越长，累积的政治资源、社会资源越多，越可能为购并提供支持，进而促进购并绩效提升。管理层持股比例正向影响购并绩效，原因可能为管理层持股比例的提高可使管理者与股东利益保持一致，管理层在购并决议时会以公司角度进行考量，更加注重购并绩效。总资产周转率正向影响购并绩效，意味着总资产周转率越高，企业营运能力越强，越可能降低购并交易成本，最终提高购并效率。

10.3.3 进一步研究

最终控制人性质决定国有企业和非国有企业的经济行为和决策选择，也会对不同购并行为的购并绩效产生深刻影响。表 10-6 为产权性质检验结果。其中，列（1）和（2）为横向购并对购并绩效影响的回归结果。可见，横向购并对购并绩效的影响在国有企业中更显著。列（3）和列（4）为纵向购并对购并绩效影响的回归结果。可见，纵向购并对购并绩效的影响在国有企业中为负，而在非国有企业中显著为正。列（5）和列（6）为混合购并对购并绩效影响的回归结果。可见，混合购并对购并绩效的影响在国有企业中为正，在非国有企业中为负，均不显著。

表10-6　　产权性质检验

变量	（1）	（2）	（3）	（4）	（5）	（6）
Size	0.001	0.006	0.002	0.006	0.002	0.006
	（0.18）	（1.20）	（0.22）	（1.20）	（0.24）	（1.11）
Lev	−0.096*	−0.107***	−0.097	−0.107***	−0.098*	−0.105***
	（−1.67）	（−2.93）	（−1.65）	（−2.93）	（−1.68）	（−2.91）
Board	−0.018	0.030	−0.020	0.029	−0.018	0.030
	（−0.38）	（1.15）	（−0.42）	（1.09）	（−0.38）	（1.13）

续表

变量	(1)	(2)	(3)	(4)	(5)	(6)
Indep	-0.002	0.096	-0.014	0.098	-0.011	0.096
	(-0.02)	(1.08)	(-0.12)	(1.09)	(-0.09)	(1.08)
Dual	0.006	0.006	0.004	0.005	0.003	0.006
	(0.34)	(0.93)	(0.22)	(0.87)	(0.18)	(1.01)
Inst	0.012	0.023	0.021	0.021	0.025	0.022
	(0.23)	(1.35)	(0.40)	(1.21)	(0.45)	(1.27)
Con	0.041	-0.007	0.035	-0.004	0.034	-0.006
	(0.62)	(-0.21)	(0.52)	(-0.10)	(0.51)	(-0.17)
Listage	0.020*	0.026***	0.015	0.027***	0.015	0.026***
	(1.81)	(3.14)	(1.42)	(3.23)	(1.39)	(3.16)
Mshare	0.005	0.034**	0.006	0.030*	0.005	0.032*
	(0.07)	(2.00)	(0.09)	(1.76)	(0.08)	(1.85)
ATO	0.030**	0.047***	0.032**	0.047***	0.033**	0.046***
	(2.10)	(5.11)	(2.18)	(5.11)	(2.25)	(5.09)
Ipma	0.041**	0.147***	0.043**	0.139***	0.041**	0.142***
	(2.21)	(8.16)	(1.99)	(8.07)	(2.17)	(8.32)
Maregion	0.002	-0.008	0.007	-0.008	0.007	-0.006
	(0.22)	(-0.77)	(0.78)	(-0.78)	(0.77)	(-0.67)
Horma	0.045***	0.011				
	(2.76)	(1.08)				
Verma			-0.005	0.013**		
			(-0.35)	(2.19)		
Mixma					0.008	-0.010
					(0.54)	(-1.22)

续表

变量	(1)	(2)	(3)	(4)	(5)	(6)
年份	Yes	Yes	Yes	Yes	Yes	Yes
_cons	-0.077	-0.336***	-0.069	-0.337***	-0.082	-0.323***
	(-0.42)	(-3.11)	(-0.37)	(-3.12)	(-0.43)	(-3.04)
N	306	1208	306	1208	306	1208
R^2	0.095	0.098	0.084	0.100	0.085	0.098
Adjust R^2	0.028	0.082	0.016	0.084	0.017	0.082

注：*p<0.10，**p<0.05，***p<0.01。

10.4 结论及启示

1）购并交易不能等同于购并后整合，购并效应并不能完全涵盖购并后的整合绩效

通过前述分析可以看出，以往购并绩效的诸多经验研究不一致的根源之一就在于没有对购并交易和购并后整合分别研究。实际上可以说，购并是涉及经济问题和管理问题的复杂过程，仅从经济学角度研究购并、将整合视为“黑箱”的做法无助于改进我国企业的购并实践。只有深入研究整合过程，才能弥补购并研究的诸多遗憾和不足。

2）产业相关性与购并后整合绩效并不具有一致性

通过对三种购并类型的购并后整合绩效对比研究，发现横向购并和纵向购并可以显著促进购并绩效的提升，而混合购并则抑制购并绩效。这说明，整合管理是分层次的，它既包括产业、行业层面，也包含企业内部在管理体制、管理人员甚至员工心理层面的整合。整合绩效是企业在体制、运营、协同等多方面的综合体现。

3）购并后整合绩效在不同产权呈现不同的绩效表现

三种购并后整合绩效在国有和非国有企业呈现不同的表现，但其背后的原因值得进一步探究。研究三种购并后整合绩效在国有和非国有企业的表现不一定准确，甚至可能还有较大偏差，但划分产权性质研究购

并后整合问题这种方法是重要的，更是必要的。它不仅使整合实践循序渐进，而且使整合理论更加深入。

4）我国上市公司在管理创新和整合实践上存在较多的不足

在前面三种购并类型比较整合绩效研究中，混合购并后的购并绩效显著下降，说明上市公司混合购并后整合绩效下降，反映出上市公司的管理效率相对低下。在探讨影响整合的因素分析中，可以发现诸多障碍因素是深层次的。说明我国上市公司管理创新和整合实践上仍有很长的路要走。

需要说明的是，研究虽在一定程度上揭示了购并后整合管理的重要性和一些重要的影响因素。但仍存在以下局限和不足，同时说明了未来需要进一步深入研究的问题：①研究样本数较少，以后研究要大大开拓样本空间，不仅涵盖尽可能多的上市公司，还应深入非上市公司；②研究受到条件所限，样本公司内部详细资料很少，公开资料并不能明晰问题所在，今后研究应尽量深入企业内部，使个案研究与大样本研究互为弥补不足，交相辉映，才能真正探寻购并及整合机理；③研究绩效评价标准单一，仅用了财务指标，实际上购并和整合的影响较广，涉及财务、股价甚至社会效应，因此未来研究寻求结合多种评价指标探析其效应影响。总之，由于资料获取的限制，本书对购并后整合研究比较薄弱，不过，希望本书能吸引我国更多学者关注购并后整合管理，并付诸我国企业的购并活动中。

参考文献

[1] 钱德勒. 战略与结构：美国工商企业成长的若干篇章［M］. 孟昕，译. 昆明：云南人民出版社，2002.

[2] 威廉姆森. 资本主义经济制度：论企业签约与市场签约［M］. 段毅才，王伟，译. 北京：商务印书馆，2002.

[3] 彭罗斯. 企业成长理论［M］. 赵晓，译. 上海：上海三联书店，2007.

[4] 坎贝尔，萨姆斯，卢克斯. 战略协同［M］. 任通海，龙大伟，译. 北京：机械工业出版社，2000.

[5] STAHL G K，VOIGT A. Do cultural differences matter in mergers and acquisitions? a tentative model and examination［J］. Organization Science，2008，19（1）：160-176.

[6] BENA J，LI K. Corporate innovations and mergers and acquisitions［J］. The Journal of Finance，2014，69（5）：1923-1960.

[7] AGRAWAL A，JAFFE J F，MANDELKER G N. The post-merger performance of acquiring firms：a re-examination of an anomaly［J］. The Journal of Finance，1992，47（4）：1605-1621.

[8] BARNEY J. Firm resources and sustained competitive advantage［J］. Journal of Management，1991，17（1）：99-120.

[9] BUZZELL R D，GALE B T. The PIMS principles：linking strategy to

performance [M]. New York: Simon and Schuster, 1987.

[10] ENCAOUA D, JACQUEMIN A. Organizational efficiency and monopoly power: the case of French industrial groups [J]. European Economic Review, 1982, 19 (1): 25-51.

[11] FLUCK Z, LYNCH A W. Why do firms merge and then divest? a theory of financial synergy [J]. The Journal of Business, 1999, 72 (3): 319-346.

[12] HARRISON J S, HITT M A, HOSKISSON R E, et al. Synergies and post-acquisition performance: differences versus similarities in resource allocations [J]. Journal of Management, 1991, 17 (1): 173-190.

[13] LEFF N H. Industrial organization and entrepreneurship in the developing countries: the economic groups [J]. Economic Development and Cultural Change, 1978, 26 (4): 661-675.

[14] THOMSON N, MCNAMARA P. Achieving post-acquisition success: the role of corporate entrepreneurship [J]. Long Range Planning, 2001, 34 (6): 669-697.

[15] GHEMAWAT P, KHANNA T. The nature of diversified business groups: a research design and two case studies [J]. The Journal of Industrial Economics, 1998, 46 (1): 35-61.

[16] HOSKISSON R E. Multidivisional structure and performance: the contingency of diversification strategy [J]. Academy of Management Journal, 1987, 30 (4): 625-644.

[17] CHANG S J, CHOI U. Strategy, structure and performance of Korean business groups: a transactions cost approach [J]. The Journal of Industrial Economics, 1988, 37 (2): 141-158.

[18] SAMINA K, WILL M. Path-dependent and path-breaking change: reconfiguring business resource following acquisitions in the US medical sector [J]. Strategic Management Journal, 2000 (21): 1061-1081.

[19] STEIN J C. Internal capital markets and the competition for corporate resources [J]. The Journal of Finance, 1997, 52 (1): 111-133.

[20] HALEBLIAN J, DEVERS C E, MCNAMARA G, et al. Taking stock of what we know about mergers and acquisitions: a review and research agenda [J]. Journal of Management, 2009, 35 (3): 469-502.

[21] RENNEBOOG L, VANSTEENKISTE C. Failure and success in mergers and acquisitions [J]. Journal of Corporate Finance, 2019 (58):

650-699.

[22] KHANNA T, PALEPU K. The right way to restructure conglomerates in emerging markets [J]. Harvard Business Review, 1999, 77 (4): 125-125.

[23] TEECE D J, PISANO G, SHUEN A. Dynamic capabilities and strategic management [J]. Strategic Management Journal, 1997, 18 (7): 509-533.

[24] 刘刚，殷建瓴，耿天成. 产业间距离、技术异质性与企业并购绩效——基于A股上市企业的实证研究 [J]. 中国软科学，2020，360 (12): 104-116.

[25] 巴泽尔，盖尔. 战略与绩效：PIMS原则 [M]. 吴冠之，等译. 北京：华夏出版社，2000.

[26] 包明华. 购并经济学：前沿问题研究 [M]. 北京：中国经济出版社，2005.

[27] 陈继祥，霍沛军，王忠民. 超竞争下的企业战略协同 [J]. 上海交通大学学报（社会科学版），2000 (4): 86-89.

[28] 陈佳贵. 我国大型企业集团形成模式的选择 [J]. 经济管理，2001 (24): 4-9.

[29] 陈晓，陈小悦，刘钊. A股盈余报告的有用性研究——来自上海、深圳股市的实证证据 [J]. 经济研究，1999 (6): 21-28.

[30] 陈信元，原红旗. 上市公司资产重组财务会计问题研究 [J]. 会计研究，1998 (10): 2-11.

[31] 陈信元，张田余. 资产重组的市场反应——1997年沪市资产重组实证分析 [J]. 经济研究，1999 (9): 47-55.

[32] 武亚军. 公司战略经济学 [M]. 北京：北京大学出版社，1999.

[33] 董麓，肖红叶. 上市公司股权结构与公司业绩关系的实证分析 [J]. 统计研究，2001 (11): 28-30.

[34] 范从来，袁静. 成长性、成熟性和衰退性产业上市公司并购绩效的实证分析 [J]. 中国工业经济，2002 (8): 65-72.

[35] 方芳，闫晓彤. 中国上市公司并购绩效与思考 [J]. 经济理论与经济管理，2002 (8): 43-48.

[36] 冯根福，吴林江. 我国上市公司并购绩效的实证研究 [J]. 经济研究，2001 (1): 54-61; 68.

[37] 干春晖，刘祥生. 企业并购理论与实务 [M]. 上海：立信会计出版社，1999.

[38] 高见，陈歆玮．中国证券市场资产重组效应分析［J］．经济科学，2000（1）：66-77．

[39] 高良谋，高静美．购并过程中目标企业无形资本的损耗与保护［J］．中国工业经济，2004（3）：75-82．

[40] 高良谋，高静美．基于企业购并失败的整合管理［J］．东北财经大学学报，2003（4）：21-24．

[41] 高良谋．购并后整合管理研究——基于中国上市公司的实证分析［J］．管理世界，2003（12）：107-114．

[42] 陈小梅，吴小节，汪秀琼，等．中国企业逆向跨国并购整合过程的质性元分析研究［J］．管理世界，2021，37（11）：159-183；11-15．

[43] 韩朝华．中国企业集团的行为和制度（上）［J］．改革，1999（3）：87-93．

[44] 韩朝华．中国企业集团的行为和制度（下）［J］．改革，1999（4）：42-53．

[45] 何庆明，庞华．基于智力资本的企业并购效率研究［J］．云南财贸学院学报，2004（5）：55-58．

[46] 蒋冠宏．企业并购如何影响绩效：基于中国工业企业并购视角［J］．管理世界，2022，38（7）：196-212．

[47] 李善民，陈玉罡．上市公司兼并与收购的财富效应［J］．经济研究，2002（11）：27-35；93．

[48] 陈仕华，王雅茹．企业并购依赖的缘由和后果：基于知识基础理论和成长压力理论的研究［J］．管理世界，2022，38（5）：156-175．

[49] 陆国庆．中国上市公司不同资产重组类型的绩效比较——对1999年度沪市的实证分析［J］．财经科学，2000（6）：20-24．

[50] 朱乾宇．我国上市公司并购绩效的多元回归分析［J］．中南民族大学学报（自然科学版），2002（1）：83-86．

[51] 迪屈奇．交易成本经济学：关于公司的新的经济意义［M］．王铁生，葛立成，译．北京：经济科学出版社，1999．

[52] 波特．竞争战略［M］．陈小悦，译．北京：华夏出版社，1997．

[53] 毛蕴诗，李新家，彭清华．企业集团扩展动因模式与案例［M］．广州：广东人民出版社，2000．

[54] 秦晓．从“生产函数”到“替代函数”——关于现代大型公司总部功能的研究［J］．改革，2003（1）：17-22；43．

[55] 邱明．业并购的有效性研究［M］．北京：中国人民大学出版社，2006．

[56] 檀向球．沪市上市公司资产重组绩效实证研究［N］．中国证券报，1998-09-28．

[57] 王凤彬. 集团公司与企业集团组织：理论·经验·案例 [M]. 北京：中国人民大学出版社，2003.

[58] 王宏利. 企业并购绩效与目标公司选择 [M]. 北京：中国财政经济出版社，2005.

[59] 王旺兴. 企业集群中的战略协同研究 [J]. 科技与管理，2003 (5)：43-45.

[60] 王跃堂. 我国证券市场资产重组绩效之比较分析 [J]. 财经研究，1999 (7)：53-59.

[61] 魏刚. 高级管理层激励与上市公司经营绩效 [J]. 经济研究，2000 (3)：32-39；64；80.

[62] 吴敬琏. 大型企业的战略结构和总部功能 [J]. 中外企业家，2004 (6)：20-25.

[63] 姚小涛，席酉民. 环境变革中的企业与企业集团 [M]. 北京：机械工业出版社，2002.

[64] 徐向艺，陈志军. 现代公司组织与管理 [M]. 北京：经济科学出版社，1999.

[65] 伊丹广之. 启动隐形资产 [M]. 北京：华夏出版社，2000.

[66] 原毅军，李宜，高微. 智力资本的协同效应：企业并购成败的关键 [J]. 企业活力，2007，266 (4)：21-23.

[67] 张文璋，顾慧慧. 我国上市公司并购绩效的实证研究 [J]. 证券市场导报，2002 (9)：21-26.

[68] 高良谋. 购并后整合：案例调查与对策研究 [J]. 财经问题研究，2009 (9)：27-36.

[69] 高良谋. 购并后整合：信息空间视域下的知识学习与转移 [J]. 财经问题研究，2008 (10)：98-105.

[70] 王磊，胡荣昌. 企业并购：通过知识互补创造价值 [J]. 财会月刊，2006 (20)：14-15.

[71] 高静美，郭劲光. 引致购并失败的因素解析：来自一个新视角的考察 [J]. 重庆工商大学学报（社会科学版），2006 (1)：23-27.

[72] 侯慧明，高良谋. 企业并购整合过程中的技术知识转移研究 [J]. 辽宁师范大学学报（社会科学版），2015，38 (6)：758-763.

[73] 高良谋，高静美. 企业购并失败的元分析 [J]. 经济管理，2009 (1)：173-179.

索引